АРТЁМ ПЕРЛИК

НА ПОРОГЕ ЦЕРКВИ

ИЗ АВТОРСКОЙ СЕРИИ «ПЕСНЯ ЦЕРКВИ»

ORTHODOX LOGOS PUBLISHING

НА ПОРОГЕ ЦЕРКВИ

ИЗ АВТОРСКОЙ СЕРИИ «ПЕСНЯ ЦЕРКВИ»

Артём Перлик

www.orthodoxlogos.com

ISBN: 978-1-80484-247-8

АРТЁМ ПЕРЛИК

НА ПОРОГЕ ЦЕРКВИ

ИЗ АВТОРСКОЙ СЕРИИ «ПЕСНЯ ЦЕРКВИ»

ORTHODOX LOGOS PUBLISHING

СОДЕРЖАНИЕ

ВВЕДЕНИЕ

ПОЧЕМУ ПЕСНЯ ЦЕРКВИ?

Эта книга родилась в греческом монастыре Петра близ города Кардица, в келье известного православного старца Дионисия (Каламбокаса)[1]. Она посвящена той необыкновенной красоте, которая из века в век живёт в Православной Церкви – истинным подвижникам веры, или старцам. Старцы – это не давно ушедшее прошлое, как может показаться, но и настоящее: время компьютеров, интернета и смартфонов. Удивительно, но и среди наших современников или тех, чья жизнь выпала на недавно закончившийся XX век, – много светочей веры, которых по силе молитвы и Божьих даров можно было бы сравнить с Серафимом Саровским[2] или Сергием Радонежским[3]. Пусть и не все они пока канонизированы.

Кого-то из них автор встретил на своём жизненном пути, с кем-то он познакомился через их проповеди: оставленные в письменном или устном слове. Одни старцы всю жизнь прожили в России. Другие – родились и росли в вере далеко за пределами православных стран. И каждый из этих старцев прекрасен по-своему, в каждом Дух Святой раскрывается неповторимо. Любя Бога всем сердцем, старцы "заражают" окружающих этим чувством, являя собой живой урок того, как любить Господа и всех людей вокруг по-настоящему.

"Лучшая форма проповеди в наше время – личное общение с человеком, воплотившим идеал Евангелия" (так говорил о старце Серафиме Тяпочкине[4] архимандрит Зинон (Теодор)[5]). Действительно, знакомство со старцем может перевернуть жизнь. Особая, христоподобная любовь старцев к людям затмевает даже их великие чудеса: прозрения будущего, знание глубин души, исцеление болезней. Каждый человек для старца очень дорог. Старцам можно звонить в любое время. Рядом со старцем чувствуешь, что жизнь удалась, потому что ты любим и нужен. Они дают почувствовать, насколько каждый драгоценен для Бога. Даже одна встреча со старцем согревает до старости, и её свет передаётся детям и внукам. От старца невозможно выйти неутешенным. Греческий старец Иоиль (Яннакопулос)[6], например, всегда говорил своим гостям: «Я всегда в вашем кармане».

Старец обычно видит будущее каждого посетителя и открывает его, показывая, что Господь хочет каждому подарить только радость – если, конечно, человек готов дар Божий принять. Это открытие ошеломляет, особенно посреди тяжелых скорбей. Причем старцы готовы помогать своим духовным чадам постоянно: поддерживать человека, стараться взять на себя его тяготы до конца жизни. Показателен тут пример апостола Иоанна Богослова, который в буквальном смысле бежал за учеником, скрывавшимся от него.

Всюду, где духовность принимает святоотеческий вид, она связана с Афоном[7]. Эмилиан Вафидис, старец Софроний (Сахаров)[8], святой старец Филофей (Зервакос)[9], митрополит Сурожский Антоний (Блум)[10], Паисий (Святогорец) Афонский[11], старец Порфирий Кавсокаливит[12], Ефрем Аризонский[13], схиархимандрит Виталий (Сидоренко)[14] , блаженная Матрона Московская[15], Гавриил (Ургебадзе)[16], преподобный Серафим Вырицкий)[17], старец Ипполит (Халин)[18], игумен Никон (Лазару)[19] и многие другие, – все они прямо или косвенно связаны со Святой Горой. Все старцы – и ушедших веков, и современности – похожи и в том, чему они учили приходящих к ним христиан: частой исповеди и причащению и постоянной Иисусовой молитве[20].

Самый значимый след в жизни автора оставил греческий старец Дионисий Каламбокас – один из известных священников мирового православия. Ученик старца Эмилиана Вафидиса, духовный внук святого Дионисия Трикольского. Дионисий Каламбокас дружил с патриархом Сербским Павлом (Стойчевичем)[21]; его почитают патриархи Александрийский, митрополит Америки и Канады.

Старчество – уникальное явление в православной традиции, которое живо и в наши дни. Это явное свидетельство действия Святого Духа в современном мире. Старцы помогают людям встретить Бога, обрести смысл жизни, преобразиться духовно и даже телесно. Об этом, как о наибольшем чуде, говорил святитель Иоанн Златоуст, что в церковь входит волк, а выходит ягненок. Пример старцев вдохновляет на духовный рост и преображение души. Они показывают, что православие – это не система запретов, а путь к полноте жизни и радости в Боге, учат любить Бога и ближнего, видеть красоту мира и ценность каждого человека.

Редактор издания Екатерина Васева[22]

ПРЕОДОЛЕНИЕ БОЛИ

Преподобный Марк Пустынник (святой V в.) говорил, что «причины всех наших страданий находятся в наших мыслях». Можно добавить, что мрачные мысли возникают из-за того, что даже православный человек, как правило, не может полностью довериться Богу, когда в жизнь приходит боль.

Правильная православная духовная жизнь дает человеку много сил на любовь, преображение, творение новой красоты, миссию и заботу о ближних. Неправильная духовная жизнь словно бы умерщвляет в человеке любовь и радость, не дает раскрыться творческим силам. Впрочем, неправильная духовная жизнь может перейти в правильную, при усилии человека, при доверии его Божьему миру и радости. Как же перейти к правильной духовной жизни?

- Правильное духовное руководство. Послушание духовному отцу или чтение житий святых наставников. Наставник должен действовать в духе святых отцов, духе любви, духе церкви.
- Правильные книги и правильное образование.
- Добрые дела, приносящие благодать. Таким образом, человек будет «знать» благодать на вкус. С годами церковной жизни количество дорогих людей умножается и человек ощущает, что каждый из них должен получить от тебя всю высоту и пол-

ноту родственной любви. И вместе с тем видишь, что против этой любви постоянно восстают твои страстные пожелания и устремления. Чтобы их побороть и настроиться на любовь, лучше всего помогает храмовая молитва.

Сердце милующее – отражение милости Бога, у Которого, по слову святителя Феофана Затворника[23], «одно желание – миловать и миловать. Он и на страшном суде будет искать не как осудить, а как помиловать, и помилует всякого, лишь бы малая возможность была».

СТАРЦЫ И ЛЮДИ

Греческий старец Дионисий однажды сказал желающему монашества священнику: «Монаха не бывает без старца». Слово «Монаха» он написал с большой буквы, подчеркнув свое громадное уважение к личности священника. В этих словах старца – бездна богословия. По афонским представлениям, человек уходит в монастырь не к стенам, но к духовнику, который воистину может помочь ученику вырасти духовно. Старец смотрит на мир небесным взглядом, а потому открывает более глубокий смысл там, где для других его нет. «Злоба и птица видят, что дождь идет, когда собираются тучи. Доброта же видит, что дождь идет – когда пожелает Бог», говорил об этом святитель Николай Сербский [24]. Приобщение старцу есть еще и приобщение этому небесному взгляду, когда мир постигается в русле Промысла, и ученик начинает видеть, что и для него лично и для мира у Бога приготовлены только любовь и радость: «не таится от Него ни капля слезная, ни капли часть некая» (как писал преподобный Симеон Новый Богослов[25]).

ВОЛЯ БОЖИЯ – НЕ ТИРАНИЯ

Христос кротко входит в нашу жизнь. И порой неожиданно, как например произошло в судьбе чилийца Иосифа Муньоса[26]. Господь дает нам поразительную свободу в добре. По сути, Он просит нас быть христианами и поступать по любви, а как именно это делать, оставляет на наше усмотрение. Конечно, Господь всегда даст через старца совет, как поступить лучшим образом, но и в этом совете полностью сохраняется наша возможность творчества нашей жизни. В книге «Старец Паисий Святогорец: свидетельства паломников»[27] есть воспоминание о том, как некий молодой человек пришел к святому Паисию с желанием узнать о себе волю Божию, быть ли ему монахом или женатым? И старец ответил так: «Господь хочет от тебя, чтобы ты был хорошим христианином. А чем будешь заниматься, зависит от тебя. Будешь монахом или женатым – не важно. Господь никого не принуждает».

Даже когда Бог через старца предостерегает от неверного шага, то все равно не отнимает свободы поступка и, исходя из избранного человеком решения старается ему помочь. Так мама молодой девушки, собиравшейся выйти замуж, поехала за советом к старцу Гавриилу (Стародубу). Тот выслушав ее, внезапно стал говорить, что «лучше не жениться, так как теперь молодым людям трудно строить семьи». Мама в возмущении уехала от старца, думая, что он вообще выступает против браков, чего в действительности никогда не было. После к старцу отправился и жених, и отец Гавриил в ответ на его настойчивость дал свое благословение на свадьбу. Но брак оказался непрочным, муж стал изменять жене и бить ее. Тогда только им стало ясно, что старец отговаривал не вообще от брачной жизни, а от этого конкретного брака. Но когда его не послушались, не стал настаивать на своем и продолжил молиться. Возможно, именно благодаря его молитвам юная жена сумела сохранить душевное здоровье, пройдя через многие унижения и обиды.

Святой Паисий говорил, что Христос – это кислород души, и нельзя делать Его углекислым газом. Интересно, что везде, где от Христианства сохранена только внешняя форма, внешние христиане стараются завладеть свободой друг друга. А люди Духа, наоборот, не покушаются ни на чью свободу.

РАЗНОЛИКАЯ КРАСОТА

Мне приходилось общаться и переписываться с европейцами, принявшими Православие. Они говорили, что поначалу их отталкивало от истинной веры именно мнение, что все это «слишком русское». И только встретив таких известных старцев как Антоний Сурожский, Софроний Сахаров, Сергий (Шевич)1, они осознавали, что Православие – вера для любого человека. Во Христе нет ни эллина, ни иудея, ни русского, ни украинца, ни грека, ни серба, «но все и во всем Христос» (Кол.3:11). Тем, кто не видел мира дальше своей деревни, эти слова апостола Павла кажутся кощунственными: «Как же! Ведь истинное православие – это только русское, греческое – греку, сербское – сербу». Но тому, кто много ездил по миру, видно, что хотя православные жители Кении или Китая весьма отличаются от русских или греков во многом, но едины в главном – в правой вере и любви ко Христу. Эту апостольскую идею всемирности Православия легче всего ощутить в каком-нибудь многонациональном монастыре, окормляемом старцем, к которому едут и американцы, и французы, и сербы, и арабы, и иудеи, и все вообще. Тогда становится ясно, что Христос пришел для всех. Тогда отпадают вопросы, почему православные в Уганде могут есть во время поста мясо, но не едят соли. Или отчего в некоторых европейских православных монастырях вечерняя служба длится всего полчаса.

ЗАЧЕМ НУЖНЫ СТАРЦЫ?

Чтобы получить ответы на свои вопросы, люди часто ищут прозорливых старцев и готовы ехать к ним «на край света». Но ведь почти у каждого есть духовник, которому Господь открывает многое, и он вполне может дать совет и помолиться о человеке. Зачем же тогда нужны старцы? Чтобы понять слова старца, нужно сравнить их с тем, что говорит Христос в Евангелии. В сложных ситуациях, где люди, следуя логике своекорыстия, личной выгоды и логике греха, видят лишь такие пути разрешения проблемы, которые только преумножают зло. Христос выводит слушающих на новый уровень понимания проблемы – небесный. Так делают и старцы.

Святитель Игнатий (Брянчанинов)[28] в рассуждении писал, что беседа с ученым приносит много сведений, с поэтом – светлых и высоких мыслей и чувств, а беседа со святыми сообщает святость. Когда читаешь тексты таких подвижников, как старец Фаддей Витовницкий[29], Паисий Афонский или Порфирий Кавсокаливит, то душа вся раскрывается небу, и сердце сожалеет обо всем, что противно любви Господней, а ум, услажденный пережитым, говорит, что с этого дня непременно будешь жить по-другому. Таково воздействие на душу святого автора, человека, который научился в каждом разглядеть бога после Бога. Одна из важнейших задач духовника-наставника в том, чтобы помочь человеку думать правильно и не мучиться по поводу ложных, смущающих душу мыслей.

В поисках старца важно не оказаться в плену заблуждений и не попасть под обаяние «ложного» старца («младостарца»). В чем различие «старчества» и «младостарчества»? Младостарец – это человек, не имеющий ни духовных дарований, ни благодати, но изображающий из себя святого. Такой человек приводит людей не ко Христу, а к себе. Его деятельность строится на авторитете и силе, он не уважает свободу доверившихся ему людей. В противоположность ему, настоящий старец старается, чтобы каждый человек духовно вырос таким, каким его задумал Господь.

ИЗВЕСТНЫЕ СТАРЦЫ XX ВЕКА

ОТЕЦ ГАВРИИЛ (СТАРОДУБ)

Некоторые люди говорят, что в мире больше нет православных святых, ведь времена теперь не те. Эти слова есть глубочайшее заблуждение и непонимание того, что Церковь есть «непрерывная Пятидесятница», «непрерывное излияние Святого Духа на верных», как утверждали преподобные Симеон Новый Богослов и Иустин Сербский. Неверным является и мнение, что современные святые и праведники не таковы, как в древности. На самом деле «святые всех времен одинаковы» (так писал святитель Игнатий Брянчанинов). Среди нас ходят святые – наши современники. Но чтобы заметить их, человек должен быть хоть немного причастен их подвигу и опыту. Иначе он будет мерить святых по себе и совсем не заметит их.

22 января 2010 г. в селе Павловка Донецкой области отошел ко Господу человек, который сделал все, чтоб остаться неизвестным и незаметным, но почитался многимм людьми как угодник Божий, – схиархимандрит Гавриил (Стародуб).

Как и многие подвижники духа, Георгий (будущий отец Гавриил) пережил тяжелое детство: когда ему было два года, умерла его сестра-близнец Лида, а еще через два года семью покинул отец. Мать Гавриила жила в бедности и часто переезжала. Чтобы прокормиться, маленький Георгий просил милостыню. Несмотря на то, что Георгий не получил религиозного образования, в нем рано проснулась вера в Бога, и он еще будучи ребенком иногда посещал храм. Другим «призванием» молодого человека стала музыка. Господь одарил Георгия музыкальным талантом, благодаря которому он, самоучка, выросший в шахтерской среде, смог поступить в музыкальное училище, а после окончания – более 20 лет проработать преподавателем музыки в школе, любимым и учениками, и их родителями.

Господь послал молодому учителю музыки и время, и возможность укрепиться в вере, а также знакомство с великими старцами Глинской пустыни[30], ныне прославленными в лике святых – митрополитом Зиновием (Мажугой)[31], схиархимандритом Серафимом (Романцовым)[32], схиархимандритом Андроником (Лукашом)[33] и будущим духовным отцом Григория –схиархимандритом Виталием (Сидоренко). В богоборческие годы советской власти подвижникам пришлось покинуть Глинскую обитель и переехать в Тбилиси, где они служили в Александро-Невской церкви. Туда регулярно ездил Георгий Стародуб.

В 1982 г. Георгий был тайно во избежание проблем со стороны властей был пострижен в монашество с именем Гавриил, но продолжал работать в школе учителем музыки, посещал храм и исполнял монашеские обеты. И лишь когда в начале 90-х в стране стали открываться православные храмы, отец Гавриил стал священником. Не обошлось без искушений: к моменту принятия сана отцу Гавриилу исполнился 51 год, но у него не было духовного образования и знаний о ведении службы и совершении всех таинств. За первые два года священнику пришлось сменить восемь приходов, и лишь после прохождения богослужебной «школы» он был назначен настоятелем в Петро-Павловский храм села Павловка Марьинского района (Украина). Сложный жизненный опыт и уникальное сочетание простоты, непосредственности, природной чуткости и аристократизма выделяли батюшку Гавриила среди других священников, а проявлявшиеся все ярче прозорливость и дар исцеления стали привлекать к нему тысячи людей со всего мира. Тех, кого обижали, отец Гавриил брал к себе жить и заботился о них. Если ему рассказывали о горе, случившемся у кого-то, он не мог успокоиться, пока молитвой и делами не улучшал ситуацию и не способствовал облегчению положения человека. Он мог обнять, погладить по голове, всегда сочувствовал и сострадал.

Старец, помогая людям, применял удивительную практику: будучи профессиональным музыкантом и видя душевное состояние пришедшего, он усаживал его рядом с фортепиано, а сам играл для человека что-то из классики, подбирая произведения так, чтобы душа пришедшего раскрылась и получила пользу.

Он говорил с каждым человеком так, словно он человеку одновременно и слуга, и мама. Еще до встречи с ним я много слышал о нем, знал, что он старец. У меня было одно тяжелое искушение, необходимо было услышать слово мудрого человека, и мама посоветовала ехать в Павловку. Тем же утром я приехал и быстро нашел храм. Женщина в храме сказала, что утренняя служба уже прошла, и батюшка отдыхает в домике рядом с храмом, где он и живет. Тревожить батюшку я не решился и сел на скамейку возле домика. Вскоре батюшка вышел. Я сразу увидел, что он – христианин, который говорит из глубины сострадания ко всем. Он огорчился, что я приехал к нему: «Зачем? У вас в Донецке так много хороших священников!». Стал перечислять хороших батюшек, говорит: «Много их, а я что могу?». А потом: «Зачем же ты на холоде сидел и не постучал в дверь. Ты же замерз! Как же я теперь буду на службе стоять, если я знаю, что ты голодный!».

Потом началась служба. Служил батюшка необыкновенно. Действительно, каждое слово молитвы он говорил Самому Богу, и это чувствовалось и передавалось народу. Когда я в другой раз увижу его на Литургии, меня поразит, как он кланяется народу на Херувимской – из глубины покаяния перед Богом и перед каждым человеком. Он имел нежность духовную и заботился о всех. Несколько раз выходил из алтаря: «Как зовут твою маму?», а я просил о ней молиться. Потом пришел человек с палочкой, и батюшка снова вышел: «Вы сядьте на скамеечку, у Вас ножки больные, не стойте». Потом он дал мне денег на обратную дорогу. Я пытался отказаться, но он внимательно посмотрел и сказал: «Но я хочу тебе дать… Можно?». Вообще он помогал каждому гостю: старался дать денег на обратную дорогу или угощал в трапезной храма.

Однажды я был у батюшки Гавриила, исповедовался на Литургии, и он спрашивает: «Это все?», имея в виду грехи. Я говорю: «Все». И тогда он сам стал называть мои грехи, о которых я и не думал. Называл долго, но необыкновенным образом – не обличая, а каясь вместе со мной: «Согрешили тем-то и тем-то и тем-то – прости нас Честный Господи!». Так я впервые увидел священника, для которого моя боль была даже в большей степени его болью, чем для меня самого.

Когда мой знакомый Алексей вернулся домой в Донецк из Духовной семинарии, он был очень огорчен и унывал. Ему посоветовали поехать к батюшке Гавриилу. Алексей уныло ответил: «Ну, ладно, поеду, посмотрю на него». Приехал к старцу, а батюшка выходит на крыльцо и говорит: «Ну что, посмотрел на меня?». Потом последовала беседа, и Алексей уехал от старца счастливым. Старец смог так поговорить с ним, что к молодому человеку вернулась надежда, и он смог жить дальше.

Наталия Б. приехала с подругой к старцу, а келейница говорит: «Батюшка занят и принять не может. Возвращайтесь в Донецк». Подруга расстроилась, а Наташа говорит: «Не расстраивайся, а садись на скамейку и молись, чтоб он вышел». Только начали молиться, как выбегает отец Гавриил: «Ну, что случилось? У меня для вас всего несколько минут! Говорите!». И помог им.

С., у которого была шизофрения, долго мучился и искал человека, который бы его по-настоящему полюбил и разделил бы его скорбь от болезни. Такого человека он нашел в Павловке. До этого ни один священник даже не брался утешить С. Его ругали, учили духовной жизни, но не сострадали. В старце он нашел именно «сострадателя» своей душе. И после каждой встречи старец давал С. денег на обратную дорогу.

Батюшка Гавриил был последователем глинской старческой традиции, которая, в отличие от оптинской, сокровенна и таит себя от мира. Потому он никогда не поощрял разговоров о себе, как о необыкновенном человеке. Как святыню, он хранил в своем шкафу подрясник своего наставника – известного глинского старца Виталия (Сидоренко). Большинство приходящих не знало, что в келье старца есть такая реликвия. Самого старца Виталия мне увидеть не довелось, но в келье Гавриила (Стародуба), я видел его подрясник. Бросалась в глаза даже не изношенность, но неимоверная ветхость ткани. Множество дырок разной величины делали подрясник таким, что из него не получилось бы даже тряпки. А, ведь это была одежда великого подвижника…

Старец Гавриил глубоко чтил святителя Иоанна (Максимовича), митрополита Сан-Франциcского[34], и советовал молиться ему во всех душевных болезнях. Он всегда советовал людям поститься и говорил, что «враг рода людского боится поста». Одной впервые приехавшей к нему девушке старец предложил зайти в храм. «У меня нет платка», – отвечала она. «Ничего страшного, – сказал ей старец, – у Марии Египетской вообще одежды не было».

Тут вспоминаются слова святителя Иоанна Златоуста, что «к Богу ведет много путей, и у каждого возрастающего в Духе этот путь неповторим», потому что каждый такой человек старается не о внешней форме выражения Христианства, но о созвучии своей жизни с Евангелием, со Христом, с Его красотой. Подобным образом рассуждал и игумен Петр (Мещеринов; родился в 1966 г.): «мы пользуемся всем, что предлагает нам Церковь, индивидуально, сообразно с нашей только что определенной целью и нашим устроением, обстоятельствами. <...> Способствует, например, нашему богообщению пост – постимся. Не помогает – определяем такую его свою меру, чтобы наше Христианство не превращалось в религию еды. Нас раздражает соприкосновение с церковной средой – сводим его к минимуму… И так далее. Возразят: но так человек совсем распустится. Отвечаю: если он ищет Христа, то не распустится, а именно найдет свою меру»[35].

Чтобы отучить духовных чад от формального подхода к вере, старец Гавриил часто говорил: «И в храм можно ходить, но не познать Господа...».

Старец Гавриил любил весь окружающий мир и всегда удивлялся благодати, которую Господь вложил в мироздание. Однажды к нему приехала семья из одного села в Донецкой области. Жена и дети были верующими, а мужа (алкоголика и гуляку) взяли с собой за кампанию. По дороге жена ему рассказала, что они едут к особому священнику, который все про всех знает. Когда муж вошел к старцу, то спросил его: «Батюшка, говорят, Вы все знаете. А вот скажите, где я свой крестик потерял? А то ищу и не могу найти». Старец внимательно и ласково посмотрел на него и ответил: «Ты нарушил закон природы. Когда пилил деревья на дрова, то спилил и одно живое дерево. Вот там, где ты его спилил, крестик свой и ищи». Когда мужчина приехал домой, то нашел свой крест именно там, где и указал ему старец.

Батюшка Гавриил умер, но не оставил нас. Люди до сих пор едут к нему на могилу у стен храма в Павловке и получают помощь. Моя знакомая Наташа К. однажды привезла туда свою больную маму. У мамы была онкология и серьезнейшие проблемы с печенью. После молитвы на могиле батюшки пожилой женщине снова проверили печень в больнице, и все показатели оказались в норме, а вскоре усилиями врачей удалось исцелить и онкологическое заболевание.

В Таганрогском православном образовательном центре для семьи и молодежи мне рассказали, что у них несколько раз бывал старец Гавриил Стародуб. И как вы думаете, какие книги читал старец? По патристике? По догматике? По литургике? Нет. Читал он об астрономии и истории музыки, просил у сотрудниц фильмы и книги о женских хорах и физике… Старец любил и ценил познание мира Господня! Смотрительница православного центра вспоминала, что когда к ним приезжал старец Гавриил, то его интересовала не работа центра и не проекты, но все ли хорошо у служащих тут людей и не надо ли кому помочь? «Какая у вас зарплата? Хватает ли ее вам? Есть ли у вас трудовая книжка? Не огорчают ли вас?» – такие и подобные вопросы задавал старец. Сотрудница как-то пожаловалась старцу, что никак не может набрать детей для воскресной школы. Он ей ответил:

– Будете работать со взрослыми.

– Как со взрослыми? Ведь я же детский преподаватель! И где я возьму взрослых?

– Со взрослыми, со взрослыми – повторил старец. Впоследствии так и оказалось.

Семинарист

Один священник из Таганрогского благочиния рассказывал, что когда он пришел в храм служить, то две местные монахини, знавшие старца Гавриила Стародуба, сказали настоятелю, что старец когда-то говорил им: «Когда придет к вам семинарист Алексей – его не обижайте, ведь он будет здесь настоятелем». Конечно, предыдущий настоятель разъярился и 4 года не давал молодому священнику жить и дышать. Но пророчество, конечно же, исполнилось, как всегда и бывает.

За него можно…

Одна знакомая моей подруги Татьяны С. долго хотела выйти замуж, но совершенно ничего не складывалось. И вот наконец с ней согласился познакомиться парень, который был выходцем с Востока (живущим на Украине), мусульманином и наркоманом. Девушка совершенно потеряла голову от желания скорей вступить в брак и повезла его к старцу Гавриилу, взять благословение на свадьбу. Старец заметил, что она не найдет себя в браке, а отыщет в монашестве. Девушка страшно разозлилась, уехала с парнем в Донецк, встречалась с ним, но потом рассталась. Несколько лет она злилась на старца, повторяя «он запрограммировал меня на безбрачие», но потом стала монахиней и нашла в этом свое счастье и предназначение. Но самое интересное произошло с тем парнем. Когда эта пара уехала, старец Гавриил стал каждое воскресенье вынимать о молодом мусульманине частичку святого хлеба на литургии.

– Вы что это делаете? – возмущались всевозможные его знакомые, – он же некрещеный! Это не по канонам!!! Нельзя!!!

– Ничего, – спокойно отвечал старец, – за него можно…

Вскоре этот юноша не только исцелился от наркотической зависимости, но принял крещение и даже стал монахом в одной известной Лавре.

СТАРЕЦ ИЛАРИОН (МИХАИЛ)[36]

Греческий схимонах Иларион (Михаил) из келлии святого Харалампия Нового Скита на Афоне, ученик святого Иосифа Исихаста, приезжал выступать на православный фестиваль «Братья» в Астрахани (Россия) в 2017 году. У него светлое лицо, как на портретах преподобного Иосифа Оптинского. Вокруг него распространялось чувство духовного единения. Старец Иларион выступил перед собравшимися с прекрасной лекцией на тему «Духовная жизнь молодого человека в современном мире». Ниже я приведу несколько из нее фрагментов.

Старец начал речь со слов: «Радость всех вас увидеть и с вами пообщаться». ...Человек создан для того, чтобы он был с Господом. Как только человек отделяется от Господа – смысл его жизни меняется, как правило, просто пропадает, его время становится мертвым... Просите в молитве своей, в первую очередь, чтобы все ваши начинания были с Божьего благословения. Тогда вы сможете достичь той цели, к которой стремитесь в своей жизни. Мы привыкли думать, что мы недостойны, виноваты во всем. Но это все не так. Знайте, что и неудачи – это тоже своего рода удача. Если что-то у нас не получилось – Господь специально так попустил, чтобы мы пошли в нужную сторону.

Отдайте жизнь свою в руки Божии, и у вас будет жизнь со смыслом и радостью, так как жизнь имеет много радости! Даже боль, даже болезнь имеют свою радость. Таким образом, человек может стать святым. Нет сложности в том, чтобы стать святым – вручи жизнь свою в руки Божии через молитву и доверяй Богу. Вы сейчас молодые и можете построить свое «я», как заповедал Христос, иметь такое же поведение, как имел Господь, только таким образом мы можем организовать свое «я».

Если вы можете и научились – попробуйте помолиться с тем человеком, с которым в эту минуту встретились. Если вас обидели – вы дадите понять рядом стоящему, что он не прав не через скандалы, а через смирение.

Любовь – это огромный камень, о который бьются все проблемы и как морская волна все они разбиваются и проходят. В семье все общее, нет понятий «твое» и «мое» – есть «наше». В семье, какие бы проблемы ни были, все они решаются совместно. Где у меня есть слабость, моя семейная половина помогает выровнять там, где меня не хватает.

Человек попадает в зависимость от наркотиков и выпивки, так как ему не хватает любви. Каждый из нас нуждается в том, чтобы его любили и обнимали.

Выбирая супруга или супругу, будьте мудрыми, постарайтесь выбрать того человека, который будет меньше создавать проблем, и выбирайте того, кто вам подходит. Однако, в браке вы будете по-настоящему счастливы только с Христом (старец имел ввиду что цель брака – Христос и наша совместная жизнь в Нем). Не тратьте время своей жизни на вещи, которые ни к чему не приводят. Интернет, мобильные телефоны – это не плохо, плохо – когда мы переходим всякие границы и попадаем в зависимость. Если не быть рядом с Богом, то очень легко потянуться к недоброму. Но если мы будем молиться и доверять Господу, мы сможем обойти очень много капканов.

Когда наша душа не молится, душа задыхается. Молитва – это наше стояние перед Богом. То, что нам мешает встретиться с Богом в молитве – это наша обида, недовольство, когда мы кого-то не простили. Насколько человек смиреннее, настолько Господь выше его поднимает. Когда вы достигаете чего-то – это все подарок от Господа. Вашим смирением и славится Господь, а вы достигнете всего, что можно в жизни. Если мы будем жить смиренно, считая себя последними, тогда Господь Сам нас поднимет и поставит впереди. Господь никогда не оставляет смиренного. Человек смиренный, радостный является примером для других. Если мы будем смиренны, тогда мы позволим, чтобы Господь говорил в нас, и мы будем слышать Его.

Исихасты[37] прежде чем говорить, молятся. Так и мы. Сотворите маленькую молитву внутри себя, чтобы Господь дал вам сказать то, что нужно. Творя Иисусову молитву, делайте ударение на слове «Христе» – ведь мы говорим о Боге.

Была одна женщина, которая хотела научиться молиться. Ей говорят: «читай Иисусову молитву». Она: «Я столько лет молюсь, ничего не изменилось». Старец ей говорит: «Ты все время говоришь, оставь Богу место поговорить. Иди домой, сядь, убери все в доме и ничего не делай, и не молись». Тогда она в первый раз увидела, что у нее хороший дом, села в кресло и стала вязать. Она услышала птиц и красоту вокруг, а потом услышала Господа у себя в сердце...

Если у нас внутри есть любовь к ближнему, тогда мы сможем услышать Бога внутри нас. Человек смиренный живет с Богом. Не теряйте возможности жить просто, мирно, с Богом. Почаще собирайтесь с друзьями. У человека очень большая необходимость в простоте. Это то, через что можно достичь любви. Только простота и радость может нас сблизить. Только тогда можно почувствовать что мы – одно целое.

Потом старец предложил задавать вопросы.

Вопрос: «Как не охладеть в вере?». Ответ: «Надо ежедневно молиться хоть немного и абзац читать из Евангелия. Человек, читающий в доме Евангелие, ограждает дом от демонов. Очищается все – и дом и человек».

Вопрос: «Как бороться с наглыми людьми?». Ответ: «Как я могу ответить вам, когда я сам наглый? Тот, кто помягче, должен потерпеть немного, чтобы наглый пришел на правильный путь».

Вопрос: «Возможно ли возрождение Византийской империи?». Ответ: «Не исчезнет и не пропадет только вера в Бога. Мы должны иметь Господа, а все остальное оставьте, все остальные империи имеют великую гордость, потому нас оставляет Господь, и мы начинаем биться головой о потолок. Все должны помнить, что мы здесь временно. Наш истинный город находится на Небе».

Приведу несколько ответов старца Илариона (Михаила) журналистке А. Никифоровой, беседовавшей с ним в 2012 г.[38].

– В России сегодня те, кто пришел в Церковь 15–20 лет тому назад, порой чувствуют в своем сердце охлаждение к вере, «выгорание». Бывает и так, что соблазнившись происходящим в церковных стенах, они из Церкви уходят. Отчего это происходит?

– От того, что было положено неверное начало. Прежде всего, мы должны читать Евангелие, а не книги о старцах и подобную благочестивую литературу. Знать, что говорит Христос. Посмотрите на икону Христа, Который держит раскрытое Евангелие! Там написано: «Аз есмь путь, и истина, и жизнь». Следовательно, это для нас главное, а не человеки. Давайте смотреть на то, что нам говорит Христос, а не на то, что делают люди. В таком случае мы не станем соблазняться поступками других и уходить из Церкви.

– А ведь именно «поступки других» часто отчуждают нас от Церкви!

– Причина не в «поступках». А в том, что мы не верим во Христа и не любим Его. Иначе разве мы уйдем от Него?! Ты любишь Христа, а значит и каждого человека, видя в нем образ Божий. Если ты веришь во Христа, то какие бы поступки людей ты ни увидел в Церкви, ты не соблазнишься ими.

– Как научиться смирению?

– Смирению нельзя научиться. Смирение – это дар от Бога. Твое смирение, Александра, это не смирение, а театр. Подлинное смирение – это осознавать, что ты что-то знаешь и умеешь и при этом понимать: «Это все не мое. Это все от Бога. И все дарования – от Бога».

Я был свидетелем чуда, произошедшего по молитвам отца Илариона. В знакомой семье в Донецке росла больная дочь: девочка почти не ходила. Моя студентка Маша, волнуясь о ней, попросила старца Илариона молитв о ребенке. И вскоре после этого родители с удивлением отметили резкое улучшение состояния девочки, произошел и прогресс в лечении ее болезни.

СТАРЕЦ НИКОН (ЛАЗАРУ)

Никон (Лазару) – известный иеромонах Константинопольской Православной Церкви румынского происхождения, насельник монастыря Ксенофонт на Афоне, миссионер и проповедник, духовный сын Ефрема Аризонского.

Старец Никон выступал в августе 2018 г. на православном фестивале «Братья». Он прочитал собравшимся две лекции и побеседовал лично с каждым желающим. Подходя к старцу Никону, ощущаешь, что вокруг него по миру разливается сияние и благодать Святого Духа…

Выступая на фестивале, старец Никон говорил, что «все наши проблемы начинаются с нашего ума: деньги, женщины, еда – это не зло. Это дары Бога, а Его дары не бывают злыми. Зло – в злоупотреблении, зло начинается с нашего ума. А значит, будем очищать свой ум Иисусовой молитвой. Христа били, а Он терпел, но когда некий воин ударил Его по щеке, Он спросил: «Почему ты Меня ударил?». Этим Христос показал, что иногда нужно смиренно терпеть обиду, а иногда и на место обидчика поставить себя. Благодать научит нас, как поступать в каждом случае. А благодать мы получим, когда будем исповедоваться, причащаться и читать Иисусову молитву».

Интервью старца Никона (Лазару) на фестивале «Братья» (9 августа 2018 г).

Старец Ефрем Аризонский показывал нам, что если мы любим наших ближних и хотим помочь им в спасении, мы должны начать с самих себя. Если мы любим наших ближних, мы должны начать молиться, исповедоваться, причащаться.

Православные миссионеры не были учеными знавшими многое. Мы поражаемся святителям Иоанну Златоусту и Василию Великому, но упускаем из виду то, что они делали, чтобы стать таковыми. Все, что мы посеем, затем мы пожнем. Когда сами мы нечисты, то и вода, которую мы даем, является нечистой. Чтобы угощать водой другого, нужно сначала достать лягушек из самого себя. Мы не думаем о том, что мы сами можем являться проблемой и препятствием на пути спасения для других людей. Мы являемся проблемой для самих себя и для ближних.

В день Пятидесятницы говорил только один апостол Петр, и в Христианство обратилось пятьсот человек, а сегодня говорят пятьсот проповедников – но ни один слушатель не обращается… Когда мы стяжаем дух апостольский – мы поможем другим. Нам следует понять, как мы можем помочь другим. Нас не спасает наше знание, мы спасаемся самой жизнью. Если мы начнём спасаться, и вокруг нас начнут спасаться. Нет такого святого, который бы спасся только один…

Каждый спасается таким путем, которым он может идти. Один может посещать больных, другой может проповедовать, третий, который не может делать ни первого, ни второго, – будет молиться, отец Ярослав[39] будет делать то дело, которое он делает, чтобы мы оказались здесь, и каждый спасётся своим уникальным способом… Начнем с того, с чего начинали все святые – с молитвы Иисусовой. И когда мы спасемся, мы сможем помочь всем тем, кого мы любим.

Ответы старца Никона на вопросы присутствовавших после лекции

Вопрос: «Что такое любовь?». Ответ: «Мы часто выдаем наш эгоизм за любовь. Демонская любовь – когда мы используем Библию, чтобы подчинить себе другого. Любовь Христова подразумевает уважение к другому человеку. Когда человек говорит, что любит, но не уважает – это любовь не Христова. Любовь бывает от демона, это его любимая одежда, он только о любви говорит. И мы тогда накладываем на других свое видение их жизни. А затем мы удивляемся: почему наш ближний нас не принимает? Хотя мы, как нам кажется, говорили то, что написано в Библии. И мы не понимаем, что используем Библию для того, чтобы ближний нам уступил, облекаем эгоизм в любовь. Если мы хотим помочь своим ближним, мы должны очищать себя…

Вопрос: «Что делать, когда уходит благодать?». Ответ: «Господь иногда нас оставляет, чтобы мы научились расти духовно. Исаак Сирин говорит: «Добродетель, которую мы получили без труда, не принимается Господом». Поэтому, когда уходит благодать, не следует расстраиваться – Господь стои́т рядом и ждет, когда мы начнем совершать подвиг. Божья благодать никогда не покинет нас, если мы сами не захотим, чтобы она ушла. Наш подвиг состоит не в том, что мы научились молиться, но чтобы мы понимали, о чем мы молимся. Это возможно через ежедневное упражнение. Например, с помощью Иисусовой молитвы. Чтобы наша молитва была чистой, не следует ни с кем днем ругаться. И не смотреть ничего нечистого в течение дня.

Вопрос: «Если не суждено быть в браке и к постригу не готов, как быть?». Ответ: «Есть много разных способов. Есть те, которые не вступали в брак и не стали монахами: ученые, миссионеры, художники. Если мы видим в ближнем Христа, то мы можем спастись. Апостол Павел не был женат и не был монахом. Каждый должен подвизаться там, куда его поставил Христос. Один может быть режиссером, другой может быть хореографом. Где бы человек ни был, он может спастись. Лот в Содоме смог угодить Богу. Нам следует смотреть не на то, где мы находимся, но на то, как мы стараемся. Каждый может спастись своим способом».

Вопрос: «Спасутся ли не верующие, но очень хорошие люди?». Ответ: «Церковь ответила на этот вопрос много столетий назад. Спрашивающие так не знают, что святые отцы уже ответили на этот вопрос. Господь говорит, что есть овцы вне стада. (Ин. 10.14–16). Стадо овец – это Церковь, в которой мы спасаемся. И Господь говорит, что есть овцы вне стада – это не является чем-то новым. Как спасутся те, которые вне Церкви? Святой Иустин Философ говорил – и это позиция Церкви в этом вопросе – что те, которые живут по слову Божьему, являются христианами, даже если мы посчитаем их атеистами. Иустин говорит, что так было с Гераклитом и Сократом до Христа. Нас делает христианами не вера – нас делает христианами наша жизнь. Демон знает все учение Православия. Почему он не спасается? Потому что он не живет по вере. Господь принес нам не новую философию, а новый образ жизни. А это значит, что спасаются и те, кто не являются христианами. Сам Господь распознает тех, кто Его! Блаженный Августин толкуя слова, что есть овцы вне стада, вздыхает и говорит: «Как много овец вне стада, и как много волков внутри стада!» Но как Господь спасает вне Церкви – это уже не наше, а Его дело…».

Вопрос: «Как понять, что твой избранник (избранница) – это твоя вторая половина, и не ошибиться?». Ответ: «Будем искать того, кто бы нам подходил, но одновременно будем молиться, чтобы не ошибиться. Можно привести пример из другой области: в карьере… - продолжает он. Мы добиваемся некой хорошей работы, которая кажется нам идеальной, но через 3 года туда приходит новый сотрудник, который делает жизнь всех вокруг адом…

«Как не ошибиться?» - продолжает старец. «Когда мы положимся целиком на волю Божию, тогда во всяком деле мы преуспеем».

Вопрос: «Как сохранить любовь в браке?». Ответ: «Если вместе с любовью у нас есть уважение к другому. Если мы будем видеть в другом образ Божий. Нельзя использовать любовь для того, чтобы другого смирять. Родитель также должен уважать личность ребенка и его интересы».

Вопрос: «Как жить, если один из супругов не верит?». Ответ: «Если муж любит жену, которая меньше верит, он найдет способ, как им жить вместе, поскольку, когда они вступали в брак, он знал, что его вторая половина не верит. В течении жизни другой человек может открыть для себя Христа. Протестанты снимают такие интересные фильмы на религиозные темы, а у православных таких фильмов нет, – очень жаль. Я смотрел один такой фильм с Дженифер Лопес, он называется «Ангельские глаза». Там говорится, почему люди не разводятся, даже если не всегда понимают друг друга. Поэтому я вам советую смотреть подобные фильмы, чтобы вы видели, как другие борются с разными проблемами, и перенимать опыт других… Супруг-атеист не помешает верующему супругу молиться в уме, причащаться тайно, тайно идти на исповедь... Только не надо верующему супругу делать напоказ поклоны перед неверующим – это формализм».

Вопрос: «Как научиться уповать на Бога?». Ответ: «Этому мы можем научиться из опыта. Если мы видим, что Господь берег нас до сих пор, то будем уповать на Его помощь в дальнейшем. Он уже показал нам Свою заботу о нас. Он знает, в чем мы нуждаемся. Важно, чтобы мы прилагали усилия и были достойны Его даров. Чтобы ни произошло, мы скажем внутренне: «Господь поможет». Но перед тем, как уповать на Господа, надо очистить себя, устать от наших личных эгоистичных трудов, и тогда мы сможем надеяться на Господа искренне».

Вопрос: «Как найти духовника?». Ответ: «Нужно быть внимательными. Любой священник может совершать таинство исповеди. Но поскольку мы не только исповедуем грехи, но и просим неких духовных советов, надо, чтобы нам подходил этот духовник. Поэтому надо прежде подойти и пообщаться, задать ему вопросы и увидеть, понимает ли он, о чем мы ему говорим? Какой у него характер? Как он общается? Утешает ли его ответ? Если он нам не понравится, поцелуем его руку – и до свидания! При этом не надо считать, что тот, кто нам не подошел – плохой. Может, другому он понравится. Я когда был студентом, то пришел к одному священнику в поисках духовника, поговорил с ним и увидел – он не понимает, как я мыслю, и несет такую чушь, что хочется его ударить так, чтоб у него с головы скуфья слетела! Так я подходил к семи духовникам, и лишь восьмой меня понял, и я остался с ним на всю жизнь. Этим восьмым был старец Ефрем Аризонский».

Вопрос: «Можно ли мне заняться исследованиями онкологии, как ученому?». Ответ: «Христос не только прощал грехи, но и исцелял людей. Болеющий раком спасается, так как имеет время на раздумья, молитву, раскаяние. Его спасает не сама болезнь, а смирение, которое она рождает в душе. Если бы нас спасала болезнь, то Господь бы не исцелял. Василий Великий говорит, что если бы Богу было не угодно врачевание, Он не вложил бы лечебные свойства в травы. Заповедь Бога – чтить врача! И Богу угодно, чтобы медицина развивалась, и появлялись новые методы лечения».

Вопрос: «Возродится ли в России монархия?». Ответ: «Нам следует понять одну важную вещь: наша родина станет великой, когда мы станем великими. Когда каждый из нас будет стараться быть лучше. Нет надобности в том, чтобы пришел какой-то легендарный царь и освободил нас от чего-то. Только Христос может сделать нас славными».

Вопрос: «Святой Паисий Афонский говорил, что греки скоро возьмут Константинополь. Когда это будет?». Ответ: (старец смеется) «В Константинополе сейчас живет 15 миллионов турок, а в Греции 9 миллионов греков, и они при всем желании не заполнят недостаток греков в этом городе. Не надо относиться к таким вещам буквально! И тут я подумал, что у святого Паисия такие вещи спрашивали какие-то греческие психи-националисты, и он ответил им так, как ответил бы врач психиатр шизофренику, который кричал бы врачу, что тараканы уже захватили Марс! «Конечно захватили, – отвечал бы психиатр, – конечно, а теперь не волнуйся и иди в свою палату…». Думается, что подобным образом говорил с такими людьми и святой Паисий, но слушающие его раззвонили его ответ по всему интернету».

Вопрос: «Как бороться с унынием?». Ответ: «Бороться с этим надо именем Христа. Будем просить милость Господа, и Он найдет, как избавить нас. Мы не можем сами с этим справиться, но в Господе все возможно. Когда в нас будет надежда на Господа, тогда в нас не станет места унынию. Проблема не в том, что в нас есть уныние или печаль, но в том, что в нас нет Христа. Поэтому будем настаивать на молитве Иисусовой. Христос сказал: «Просите многократно – и дастся вам!».

Вопрос: «Как молиться человеку, живущему в современном ритме жизни?». Ответ: «Молитва – это то дело, которое человек получает только через личный опыт. Молитву можно стяжать, только молясь. Есть молитва храмовая и частная, но больший акцент нужно сделать на частной молитве. Мы не можем быть все время в храме, но можем всегда молиться. Важна Иисусова молитва. Тот труд, который мы проделываем, чтобы научиться чисто молиться – это тоже есть молитва. Демон не боится того, кто считает Христа философом или учителем. Демон страшно боится того, кто верит, что Христос является Богом, и говорит: «Господи, Иисусе Христе, помилуй меня!». Смирение смертоносно для демона, это то, что демон не может сделать никогда. Поскольку мы не можем быть всегда в храме, будем всегда творить в уме эту молитву Иисусову. Чтоб достичь внимания в молитве, надо полностью находиться в нашем текущем моменте, смотрим ли фильм, читаем ли книгу… – быть там. Наши дары и способности, это не только то, что посылает Господь как дар, но это еще и та удивительная вещь, которую мы делаем через ежедневный труд. Когда человек научится собирать свой ум в молитве, он будет помнить, что прочитал, увидел, услышал. Если наш ум рассеян, мы не сможем преуспеть даже в малейших вещах. Сегодня демон прилагает усилия, чтобы наш ум был рассеян: нам что-то говорят, а мы одновременно смотрим что-то в телефоне – тогда мы проиграли игру. Это практическая вещь – мы живем какими-то событиями, но мы их не переживаем. Иисусова молитва научит вас тому, чему вас не смогут научить другие. Когда мы дома, хорошо эту молитву проговаривать вслух, чтобы наши уши тоже слышали – это поможет собирать наш ум. Будем делать то, что мы можем, а все остальное сделает для нас милосердный Господь!».

В конце лекции отец Никон по просьбе слушателей назвал книги, в которых много красоты и смысла. С большой теплотой старец он отозвался о книге старца Ефрема Аризонского «Моя жизнь со старцем Иосифом»[40], упомянул книги «Сила и слава» Грэма Грина[41], «Повелитель мух» Голдинга[42] и все романы Ф. М. Достоевского.

После лекции для личной беседы со старцем Никоном осталось 24 человека. Все сидели в крытой беседке и спрашивали, а старец отвечал. Вот некоторые его фразы из этой беседы.

«Лучше спать в храме, чем бодрствовать вне его».

«Вера проявляется через любовь».

«Есть моменты в жизни, когда наша вера затухает. И тогда нам надо обратить свой взор к Господу. Нам нужно читать Новый Завет, он не такой уж большой… Когда вера затухает – надо творить особую молитву, обращать взор к Господу, просить у него помощи».

«Когда мы знаем, что Христос претерпел за нас, то неужели мы не перенесем небольшие искушения?».

Из беседы со старцем Никоном (Лазару)[43].

Вопрос: «Христиан делают рабами правила. Например, – не вычитал правила – не имеешь права причащаться. Правильно ли это?». Ответ: «Мы никогда не можем быть достойными причастия. Святое причастие – это не награда, когда духовник говорит, что ты молодец и теперь достоин причаститься. Это лекарство. Мы причащаемся, чтобы духовно выздороветь, исцелиться от страстей и иметь оружие для борьбы со злом, которое коренится внутри нас. Святой Никодим Святогорец говорит: «Когда я борюсь с какой-либо страстью, то я сам с ней борюсь. Когда же я причащаюсь, то Христос во мне, и Он Сам с нею борется, и таким образом я их побеждаю». Если у тебя духовник, который говорит: «Постись столько-то дней и прочитай такие-то молитвы, чтобы причащаться, то это значит, что нужно менять духовника, нужно искать другого духовника. Конечно, есть каноны и законы, но когда человек входит в конфликт с канонами – мы не должны упразднять человека, мы упраздняем каноны! Иначе происходит то, о чем говорит один выдающийся богослов Элладской Церкви, о. Епифаний Феодоропулос[44]: «Каноны становятся орудием убийства. Вместо того, чтобы спасать человека, – они его убивают». Это то, о чем говорил апостол Павел: «Дух животворит – буква убивает». Священники должны понять, что не все могут готовиться к причастию одним и тем же образом. Один может поститься, а другой нет. У одного есть время прочитать правило ко причастию, а у другого нет. Однажды я спросил свою знакомую: «Что ты будешь делать завтра?» Она мне отвечает: «Я пойду на работу». «В день Пасхи пойдешь на работу? В Пасхальный день работать?» А она мне отвечает: «А что мне делать, ведь больные в больнице и на Пасху хотят есть…». Что я должен сказать этой девушке – что тебе не следует на Пасху идти на работу?.. Не может быть, чтобы для всех были одни и те же правила. Люди должны причащаться как можно чаще. И зачем мы задаемся вопросом, как часто следует причащаться, когда сама Церковь говорит, что невозможно ждать целую неделю до причастия. Поэтому духовники должны понять определенные вещи и к каждому человеку иметь свой подход. Вообще любая литургия совершается для того, чтобы мы причащались. Это не какое-то театральное представление, чтобы мы посмотрели, как священник читает молитвы, как прекрасно он воздевает руки, как красиво он кадит, или как прекрасно поют певцы. Церковь – это не музыкальный зал. Божественная литургия совершается для того, чтобы мы причащались, а не для чего-то другого. К счастью, мы не исполняем некоторые церковные правила. Первые христиане, но не только первые, но и в последующие века, не могли даже помыслить, чтобы ждать целую неделю, от одного воскресения до другого, и не причащаться. Они причащались и в течении недели… Причащаться только в субботу и воскресение – это редко. Следовало бы причащаться и среди недели. Но поскольку, как говорил преподобный Паисий, «традиции стали считаться преступлением, а преступление стало считаться традицией», нарушение правила, когда люди причащались только в воскресение, стало считаться традицией.

Ещё дурная традиция – всегда исповедоваться перед причастием. А если тебе нечего сказать, в чем исповедоваться? Прийти и придумать что-нибудь для того, чтобы священник потом сказал «иди причащайся?».

Вопрос: «Надо ли смиряться перед глупостью?». Ответ: «Христианин знает, когда ему молчать, а когда сражаться... Смиренный человек – не тот, кто всегда уступает. Ведь если он все время уступает, то другой начинает наглеть и забирается ему на голову. Когда один постоянно уступает, то другой начинает этим злоупотреблять, получает повод совершать грех. Иной раз уступи, когда дело касается маловажных вещей, касается его гордости, хоть и правда на твоей стороне, а иной раз не следует уступать. Узнать же, когда надо оказать смирение, а когда надо ставить другого на место, можем лишь благодаря благодати свыше: когда мы каемся, причащаемся и молимся. Тебе следует защищать себя своей жизнью, тем, как ты живешь. Исаак Сирин говорит: «Испытывай противников, в том числе в вопросах веры, не словами, а своими добродетелями»».

Вопрос: «Как научиться молитве?». Ответ: «Мы можем научиться молитве только тогда, когда молимся. Отвлекающие элементы существуют везде, просто они разные. Одни в миру, другие на Святой горе. Труд, который позволяет человеку содержать свою семью, тоже является молитвой. Но поскольку то, что нас отвлекает нас от молитвы, это не внешний шум, а шум у нас в голове, беспорядок в наших мыслях, мы можем добиться успеха в молитве, где бы мы ни находились, будь то на Святой горе или в миру, если начнем потихоньку восстанавливать спокойствие в своем рассудке…

Благодарных людей, тех, кто научился говорить «Слава Тебе, Господи!», Бог притягивает к Себе Своей любовью, тотчас исполняя их прошения. Бог быстро исполняет прошения благодарного, потому что знает, что он от Него не отдалится. А неблагодарному, который не научился говорить «Слава Тебе, Господи!», который не благодарит Бога за Его дары, Бог медлит исполнять желания. Неблагодарный, не научившийся говорить «Слава Тебе, Господи!», молится и молится, а Бог медлит отвечать на его прошения. И Он делает это намеренно, чтобы как можно дольше удержать его на молитве, как можно дольше удержать его близ Себя. Итак, хотим ли мы, чтобы Бог услышал нас? Тогда начнем со слов «Слава Тебе, Господи! Благодарю Тебя, Господи, за то, что я вижу, слышу, что у меня есть дом, есть во что одеться, есть кровать, чтобы мне спать на ней! Что у меня есть друзья, что я могу говорить, слышу!»

А затем перейдем ко второй стадии молитвы – исповеди. Исповедаем пред Богом свои грехи. Бог знает их, надо, чтобы мы их сами осознали. Потому что мы любим забывать о том, что сделали. И всегда видим себя лучшими, чем мы есть. Поэтому и не принимаем критики от других. После благодарения следует исповедь, а затем прошения: «Господи, я хочу этого, хочу того. Помоги мне преуспеть там-то. Помоги добиться того-то». И не будем забывать, что Сам Христос увещевает нас: «Просите, и дастся вам» (Мф. 7.7)».

Вопрос: «Как восстановить разум в Боге?». Ответ: «Никто не обязывает тебя смотреть все, что показывают по телевизору, слушать все, что говорят. Сотвори духовный пост. Скажи: «Ограничу себя в этом ради любви Христовой». Думать нам надо о том, что действительно важно, о самом необходимом. И тогда потихоньку разум приходит в равновесие. Конечно же, это возможно. Существуют люди, которые добились этого в миру. Если это возможно одному человеку, живущему в миру, возможно и другим».

Вопрос: «Кто самый большой враг православной веры в современном обществе?». Ответ: «Этот враг всегда один и тот же – это наша гордыня и наша склонность видеть врагов вокруг нас. Когда мы святы, тогда у нашей веры нет никакого врага. А когда мы не живем правильно, как следует христианам, тогда мы сами разрушаем нашу веру. Внешние враги нашей веры приносят Церкви святых и мучеников. Мы мешаем другим прийти к Богу, поскольку сами не такие, какими должны бы быть. Таким образом, величайшие враги нашей веры, это лень, небрежение, безразличие к Церкви и к Телу Христову. Наше воздержание от участия в таинстве исповеди и причащения, вот они – враги нашей веры! И еще то, что мы не молимся. Не читаем молитву Иисусову. И даже есть такие христиане, которые насмехаются над другими верующими, которые участвуют в таинствах исповеди и причастия. Вот они и являются величайшими врагами нашей веры».

Вопрос: «Нужно ли вразумлять наших родителей, воспитанных в СССР?». Ответ: «Как можно повлиять и изменить мнение человека, который был воспитан и состарился с определенным типом мышления и образом жизни? В случае если человек не принимает твоих советов, нужно прекратить давать советы. Иначе он будет противодействовать специально, чтобы не соглашаться с тобой. Только молитва может помочь, а Всеблагой Бог найдет способ для спасения, который мы не можем себе даже представить. Бог может послать ему мысли, чтобы он задумался и согласился. Бог может подействовать многообразно, такими путями, которые для нас недоступны. Поэтому наибольшая помощь, которую мы можем оказать – это молиться Богу за него. То, что мы должны были сказать, мы уже говорили сотни раз. С определенного момента мы начинаем надоедать человеку, утомлять его, и он, обороняясь, выбирает защитную позицию. После этого, что бы мы ни говорили, то сделаем только хуже. Лучше вместо того, чтобы говорить отцу: «Как хорошо, когда люди исповедуются и причащаются» – показать это своей жизнью, на деле – насколько лучше становится сама дочь, когда исповедуется и причащается. И отец, видя дочь такою, скажет: «Стану и я таким, как моя дочь»». Есть очень интересный фильм «Эта прекрасная жизнь» режиссера Френка Капры. Посмотрите его. Посмотрите много раз. Он удивительно простой. В нем затрагивается изумительная тема: любовь как каждодневный стиль жизни, и о том, как она способна влиять на тех, кто нас окружает. Любовь меняет жизнь других людей. Мы должны быть с другими людьми даже тогда, когда находимся одни. Мы должны помнить о близких, молиться о них, звонить им, поздравлять с именинами и не только виртуально, но и в реальной жизни».

Вопрос: «Как относиться к тому, что современные женщины одеваются по-мужски?». Ответ: «Я однажды был в гостях у мужчины, которого пришла навестить знакомая ему женщина. Мы пообщались, она ушла куда-то, наверное, на работу, и этот мужчина мне говорит: «Отче, простите, что эта женщина пришла сюда в таких узких штанах!». «Послушайте, – отвечаю я ему, – сюда пришла женщина, которая страдала много лет. Вы смотрите не на лицо человека, а на ноги человека! Перед вами человек со страданием в глазах, а вы смотрите не на лицо, а на ноги. Вы больны». Наша проблема в том, что мы живем в красивом мире, который не замечаем! Мы ищем в этом мире не красоту, а плохое. Господь даровал нам рай, а мы превращаем его в ад».

АНТОНИЙ СУРОЖСКИЙ (БЛУМ)

Антоний Сурожский (в миру Андрей Борисович Блум) уникальный пример православного священника, который, будучи аристократом по рождению, стал близким и родным по духу любому из своих прихожан по всему миру. Он родился в богатой семье русского дипломата, был племянником известного композитора А. Н. Скрябина. Родившийся в Европе во франкоязычной среде Антоний всю жизнь хранил верность русскому Православию и культуре. В эмиграции жизнь юноши складывалась тяжело. Его отец пошел работать чернорабочим, подорвал здоровье и скончался. Мать и бабушка поселились в маленькой комнате в Париже, куда нельзя было взять ребенка, поэтому Андрея им пришлось отдать в школу с пансионом в трущобах. Но трудности только закалили его. По воспоминаниям самого владыки, в возрасте четырнадцати лет при чтении Евангелия он пережил личную встречу с Христом и с тех пор решил посвятить всю свою жизнь православной проповеди.

С 30-х годов прошлого века молодой человек прислуживал в православном Трехсвятительском храме в Париже, а в 1943 г. был пострижен в монашество выходцем из Валаамского монастыря архимандритом Афанасием (Нечаевым) с именем Антоний. Во время немецкой оккупации Парижа, в 1940–1944 годах, отец Антоний неустанно трудился врачом в антифашистском подполье – полученные пару лет назад дипломы о высшем образовании биологического и медицинского факультета Сорбонны пригодились молодому врачу. Будущий митрополит также активно помогал раненым из рядов сопротивления. Многих членов этой группы он спас от принудительных работ в Германии, выписав им фальшивые справки о заболевании туберкулезом. Через три года после окончания Второй мировой войны он был рукоположен в иеромонаха и послан в Англию духовным руководителем Православно-англиканского Содружества мученика Албания и преподобного Сергия. Там отец Антоний и стал впоследствии епископом Сурожским – английская епархия называлась Сурожской в честь древнего русского города Сурож. За годы его служения в Великобритании (1948–2003) единственный русскоязычный православный приход страны превратился в живую многонациональную епархию с тридцатью общинами.

Энергичность и Божья ревность владыки Антония не только оживили русскоязычную духовную жизнь в приходе (воскресная школа, детский летний лагерь, издание приходского журнала, многочисленные беседы и лекции), но и привлекли к Православию тысячи иностранных прихожан. Владыка регулярно выступал с лекциями в религиозных радио- и телепередачах BBC, которые слушали даже верующие в СССР. Во время своих визитов в Москву отец Антоний тайно проводил встречи и беседы на квартирах, невзирая на риск столкновения с агентами Советской власти.

Книги владыки Антония на английском и русском языках, в которых он передает читателям частицу своей силы и света, стали классикой духовной литературы по всему миру, их тиражи уже составляют миллионы. Благодаря владыке Антонию англоязычный мир озарен ярким лучом православной евангельской проповеди, которая продолжается и после его смерти, привлекая новых и новых последователей.

Святитель Григорий Палама пишет, что «Слова опровергаются словами, но чем можно опровергнуть жизнь?». Для меня и для многих моих знакомых митрополит Антоний своими книгами открыл Христианство, как жизнь. И читая его, мы видели, что христианин и не может быть другим, кроме как постоянно служащим людям и вдохновенно умножающим красоту в себе и вокруг себя. Антоний Сурожский часто напоминал, что он не имеет систематического богословского образования. Но его проповеди, наполненные глубиной и украшенные цитатами из классиков, подтверждают то, что вечность и подлинность измеряются не дипломами и научными степенями, а самой причастностью к истине и красоте.

Отец Антоний долгие годы вел жизнь истинного подвижника духа: он жил при храме в каморке, никогда не заботился о еде и об одежде, не искал денег и почестей, ходил в залатанном подряснике. Он же был в своём соборе и за дворника, и за сторожа, будучи при этом епископом всей Англии и Ирландии.

Отец Павел (Адельгейм)[45] вспоминал: «Антония Сурожского не облачали иподиаконы. Он облачался сам. У него не было специальных иподиаконов. Он говорил о себе: «Митрополит я по совместительству, а основная моя работа – церковный сторож». Как митрополит он от денег отказывался. Он считал, вполне достаточно, что его кормят благодарные прихожане.

Сам отец Антоний так рассказывал о своем нестяжательном пути в жизни: «Если у вас есть подлинное видение вещей, если вы сознаете трагичность жизни, вы не можете наслаждаться жизнью безудержно. Радость – дело другое. Можно обладать глубоким чувством внутренней радости и душевного подъема, но мне кажется трудным делом наслаждаться внешними проявлениями жизни, не упуская из виду, что столько, столько людей страдают.

Когда я зарабатывал на жизнь врачебной практикой, мы с матерью приняли решение никогда не тратить на себя больше, чем нам требовалось на кров и пищу, потому что мы считали (я до сих пор так думаю), что все, потраченное сверх этого, украдено у кого-то, чья нужда больше, чем наша. Это не омрачает существование, это приносит радость делиться, давать и принимать. Но у меня чувство, что пока есть хоть один голодающий, излишек радости, излишек удобства – воровство».

Владыка Антоний Сурожский когда-то сказал, что дело миссионера не в том, чтобы «припереть человека к стенке» доказательствами, но чтобы разобрать потолок, который человек над собой надстроил. И тогда сам человек увидит, что тот свет, который греет его, есть отблеск большего света во Вселенной. Да, это долгий путь, но веру нельзя передать насильно, потому, что тогда она перестает быть верой. Симеон Новый Богослов говорил, что «добро сделанное не добрым образом – не добро». И Сам Бог никогда не принудит человека следовать истине, но ожидает его самостоятельного решения.

Игорь Геращенко, супруг православной диссидентки времен СССР, Ирины Ратушинской (1954–2017), вспоминает о своей встрече с Антонием Сурожским в 60-е годы в Москве: «От него исходил такой свет, что это в значительной мере укрепило мою и Ирину веру».

Митрополит Антоний говорил обо всем, читал даже лекции об искусстве и на всякое явление мог посмотреть с православной точки зрения. Некогда один молодой человек пришел к митрополиту и попросил благословения стать священником. И отец Антоний ответил ему: «Становись, если ты чувствуешь, что можешь сказать о Боге так, как до тебя еще никто не говорил». Эти слова относятся и к поэзии, и вообще к любому творчеству – если мы видим, что некое внутренне благодатное предощущение слова само просится быть высказанным – нужно говорить. Но помня, что любое значимое слово можно только из пережитых горестей сложить.

Силуан Афонский[46] говорил, что «никто из святых не стал бы делиться своими духовными переживаниями и откровениями, если бы их не понуждала к этому любовь». Но и здесь мы видим, что одни святые говорят о себе крайне мало, стараясь более скрыть, чем явить, по крайней мере, когда разговаривают с неизвестными. И есть другие святые, которые щедро делились своим сокровищем со всем миром. Так, Симеон Новый Богослов писал стихи, старец Софроний (Сахаров) – картины, а у владыки Антония был дар слова – которым он щедро делился в своих книгах и радио- и телепередачах.

Однажды к митрополиту Антонию Сурожскому обратился священник, который все силы души отдавал проповеди и храму и совсем не уделял внимания семье. Его жена страдала, а он хотел, чтобы знаменитый епископ ее вразумил не мешать его постоянному пребыванию в храме. Но тот вопреки ожиданиям священника посоветовал ему бóльшую часть времени жизни уделять семье.

– Но как же мое служение людям? – поразился священник.

– Если ваши домашние будут счастливы, люди сами станут к вам приходить, – отвечал Антоний. Так и случилось. Священник стал больше времени проводить с семьей, домашние стали счастливы, зная, что они дороги и любимы. Это видели прихожане храма и сами стали приходить к нему домой, чтобы погреться в лучах теплого и светлого счастья его семьи.

Антоний Сурожский писал, что у человека может быть травматический опыт Церкви. Такой опыт бывает всегда, когда человек сталкивается с негативным отношением к себе внешних, не живущих по духу христиан.

Митрополит Антоний говорит о Боге: «Он заповедал нам быть в миру, но не от мира сего, а мы поступаем наоборот: мы, по существу, от мира сего, но – бежим»... Люди бегут в храм, спасаясь от проблем, от ложности отношений, от уродств и неправды, но, одновременно – все это приносят в храм сами в себе. А поскольку их жизнь всецело направлена на себя, свои грехи и фобии, свою «духовность», то они не получают ни мудрости видеть красоту Божию и за стенами храма, ни силы быть продолжением литургии и Евангелия в том, что их окружает в их жизни...

Некая съемочная группа записывала сюжет об Антонии Сурожском. В ее составе был оператор пенсионного возраста, холодно относившийся ко всему церковному. Но услышав, как митрополит Антоний говорит, он подошел и спросил, можно ли ему, старику, принять крещение? «Конечно, – отвечал владыка, – ведь это как любовь, а влюбиться можно и в 80...»

Митрополит Антоний писал: «Христос не для того только родился, чтобы нас спасать. Он нам доверил тайну спасения мира. Он нас призвал не к тому только, чтобы мы стали Его наследниками в Царстве Божием, но чтобы мы взяли на себя труд преображения этого мира». И отказ от этого труда преображения и умножения красоты в себе и вовне, когда человек несет свет небесный во все свои дела и занятия – такой отказ не есть смирение, но извращение своего на земле назначения, отказ от реализации в себе Образа Божьего, который всегда проявляет себя в красоте, но не в безобразии, серости, пассивности, формализме или форме без сути.

Владыка говорил: «Бог реален. Так же реален, как мы с вами. Он ищет себе друзей, и надо постараться стать другом Божьим». Для земной встречи души с Богом – молитвы, человек должен быть максимально искренним. «В каждый момент нашей жизни мы можем быть подлинными и реальными, если только решаемся на риск быть тем, что мы есмь, а не пытаемся подражать чему-то или подгонять себя под заранее надуманный образ… Но истинная наша сущность может быть открыта только в Боге и через него… Первое, чего следует избегать, – это лжи Богу». Для этого нужны дисциплина и терпение, иначе молитва не будет услышана Богом. Монолог не перейдет в диалог: Слишком часто молитва не имеет для нас в жизни такого значения, чтобы все остальное отходило в сторону, уступая ей место. Молитва у нас – добавление к множеству других вещей, мы хотим, чтобы Бог был здесь, не потому что Он высшая ценность, но потому что <...> добавление к нашему комфорту. И когда мы ищем Его в таком настроении, то не встречаем Его».

Владыка Антоний советовал: «Встреча с Богом не означает одностороннюю речь с нашей стороны. Беседуя, мы не только высказываемся, но и выслушиваем то, что имеет сказать собеседник. А для этого надо научиться молчать... Если у Вас есть пять минут, когда Вам просто вполне законно нечего делать, – сядьте и не делайте ничего. Сядьте и осознайте: вот я – Петр, Иван… – сижу.

Вокруг меня тихо, ничего не происходит и нечему происходить – и я перед лицом Божиим. И будьте эти какие-то мгновения перед Божьим лицом».

Часто владыка Антоний приводил как пример правильного общения с Богом случай, описанный французским священником Кюре д'Арсом[47]. Один пожилой крестьянин часами сидел в церкви, четок не перебирал, губы не двигались, он просто сидел. И когда Кюре (сейчас уже причисленный к лику святых) спросил его, что он здесь делает, крестьянин ответил: «Я на Него гляжу, а Он на меня, и нам так хорошо друг с другом».

ПАИСИЙ АФОНСКИЙ (СВЯТОГОРЕЦ)

Один из самых известных старцев Афонской горы, преподобный Паисий Святогорец (в миру Арсений Эзнепидис), прославился своими пророчествами, духовными наставлениями и даром исцеления. С того момента, как в возрасте 29 лет он удалился на Святую Афонскую Гору, он стал словно магнит притягивать к себе тысячи паломников со всего мира. По словам иеромонаха монастыря Кутлумуш Филофея, когда в келии Панагуда находился старец Паисий, то монастырь буквально трещал по швам – от количества ежедневно прибывавших паломников. Люди шли к святому Паисию за тем великим сокровищем, за чувством, что чья-то жизнь теперь целиком и полностью посвящена тебе и без тебя этот человек не захочет ни счастья, ни спасения.

Бесценные изречения старца дошли до нас в записях (сборник «С болью и любовью о современном человеке»[48]), поражающих глубиной и злободневностью. В них можно, например, прочитать о рок-музыке, влиянии на человека современных технологий, об избалованных подростках и даже о женщинах, которые одеваются в обтягивающие джинсы и носят короткие стрижки. Обо всем старец говорил без тени критики, но только с добрым юмором и любовью. Нелестная, но правдивая оценка, которую святой Паисий дал современному обществу, не мешала ему с надеждой, оптимизмом и верой утверждать, что «переживаемые нами годы очень трудны и очень опасны, но в конце концов победит Христос». «Бог, – говорил старец, – творит чудо, когда мы сердечно соучаствуем в боли другого человека».

Многочисленны чудеса, которые святой Паисий творил при жизни и посмертно. Так стали всемирно известными факты спасения сына греческого священника из деревни Керасья, когда мальчик упал в осветительную шахту и остался жив, и чудесном исцелении от слепоты Николая Ксинариса в городе Пафос на Кипре. Оба события произошли уже после кончины святого Паисия.

Святой Паисий говорил, что Господь никогда не допустит никакого зла, из которого не извлек бы много добра. Когда мы думаем о святых, они тоже думают о нас и помогают нам, – напоминал своим духовным детям святой Паисий. Поэтому подружитесь со святыми, это самая надежная форма дружбы. Тогда вы сможете быть одни, но жить со всеми: со святыми, ангелами и всеми остальными в этом мире.

«Наша опора – сосредоточивать свои мысли на Боге, отдавая Ему свое сердце, которого Он желает, – говорил отец Паисий <...>. Это несложно, но при условии, что мы будем стремиться достичь двух вещей. Во-первых, упростим нашу жизнь. Во-вторых, направим внимание на духовную сторону жизни, а не на материальную. <...> Живите духовно и не забывайте Христа, чтобы Он тоже помнил о вас».

Афонский старец Анастасий (Топозиус)[49], насельник монастыря Кутлумуш, 20 лет жил и общался с преподобным Паисием Святогорцем. Старец Анастасий говорил, что «когда кто-то приближался к отцу Паисию – все проходило. Все, что было в голове – уходило, и было достаточно просто лицезреть святого». Бог всегда прогоняет все наши страхи с тревогами, чтоб мы знали: отныне нас всех ждет только счастье.

Святой Паисий Афонский говорил: «Когда со мною делятся своей болью – даже на осколках стекла сидеть и по колючкам ходить не так чувствительно. Если кто, действительно, страждет, то я готов и умереть, чтобы помочь ему».

Митрополит Сисанионский Антоний (Компос; 1920–2005) вспоминал о святом Паисии: «Все, кто приходили к нему охваченные страхами, выходили бесстрашные».

16 июля 1998 г. отошел ко Господу иеросхимонах Исаак (Аттала; † 1998), ученик преподобного Паисия Святогорца, автор первого и самого полного его жизнеописания. Благодаря отцу Исааку, читатели всего мира могут узнать, какую жизнь вел истинный подвижник веры. По воспоминаниям иеромонаха Исаака, уже будучи тяжело больным, геронда неизменно служил Литургию каждый день и ограничивал себя в пище: постясь, он ежедневно съедал половину просфорки и несколько высушенных на солнце помидоров. И, конечно, всех гостей святого Паисия поражали любовь, внимание и благоговение, которые он щедро дарил всем без остатка. По словам отца Исаака, геронда говорил: «Благоговение – это самая важная добродетель, потому что оно привлекает Благодать Божию».

Святой Паисий Афонский считал главной бедой нашего мира ни болезни, ни войны, а тот факт, что люди отвернулись от советов духовников, и потому их задушили помыслы.

Святой Паисий Афонский также часто повторял, что первые духовники ребенка – это его родители. Очевидно, что, если ребенок не теряет, взрослея, связь с родителями, и они (или один из них) являются духовными людьми, то их наставления для ребенка будут носить святоотеческий характер и никогда не войдут в противоречие с наставлениями того священника, которому он также будет открывать свои мысли на исповеди.

После кончины святого место его погребения в монастыре апостола Иоанна Богослова в городке Суроти, в окрестностях города Фессалоники, стало местом массового паломничества. Настоятельница строящегося монастыря св. Паисия Святогорца в Беларуси монахиня Кассиана (Купаленко) пишет: «Ни один женский монастырь в Греции до этого и после не оставил в моей душе такой глубокий след, и нигде я не переживала ощущение такой абсолютной тишины, именно исихии, как в Суроти, где находится могилка преподобного Паисия Святогорца».

БОРИС АВДЕЕВСКИЙ (ЗАЛИВАКО)

Об этом подвижнике я слышал от некоторых священников и близких людей, о его жизни в городе Авдеевка Донецкой области. Старец Борис (Заливако)[50] открыто говорил, что думал о властях СССР, за что был во времена хрущевских гонений арестован и сослан в лагеря, отсидел два срока, в сумме 8 лет. Там он научился Иисусовой молитве и понял, что с властями не нужно бороться, так как христианин живет вне властей – жизнью Церкви. По выходу из лагеря он не был восстановлен в священническом служении по каким-то бюрократическим причинам и стал дворником при больнице в Авдеевке. Очень много трудился. Говорил: «У нас второй учитель после Бога – труд». Остро чувствовал родство людей в человечестве, которое почти никому не заметно. Говорил: «Все люди как сообщающиеся сосуды. Если в одном месте кто-то согрешил, в другом кто-то быстрей умрет». Не о том ли говорил и преподобный Иустин Сербский, что падение и восстание каждого человека увлекает за собою многих и многих?

Старец старался ни с кем не говорить. Имел всего двух духовных детей: одинокую женщину и священника Павла Ситака. И даже этих немногих духовных чад старец принимал не часто, давая им время исполнить прежние его наставления. Однажды ему повысили зарплату, а он наотрез отказался брать лишние деньги, так как не хотел никакой прибыли. Кассир буквально упрашивал его взять доплату, и старец согласился на это лишь, чтоб не расстраивать человека. О богатых людях, которые заказывают себе дорогие иконы, старец Борис говорил: «За иконами Бога не видно». Любящим его он говорил: «Если вы хотите сделать мне хорошее – не грешите». Старца Бориса однажды взяли прислуживать в храме, но он своей безупречной чистотой и верностью Богу вызвал сильнейшую неприязнь у епископа и священников, которые в его присутствии ощущали себя неполноценными. Старца снова лишили священства. Иерей Павел (его ученик) тогда сказал: «Авдеевка не приняла праведника»…

Старец Борис говорил, что в тюрьме ему в день давали 150 граммов хлеба и воду. И он, глядя на такой паек, не знал, смеяться ему или плакать. Уже на свободе он замечал, что в лагере все было предназначено для уничтожения людей, но именно лагерный срок помог ему научиться молиться и стать тем, кто он есть. Вспоминая лагеря, старец говорил, что без Бога и молитвы не вынес бы эту муку. Говорил он, что Господь открывает ему, где в мире происходят войны и катастрофы, и он молится о несчастных, которые оказались посреди этих бед. Подобным образом говорил и проведший в лагере 14 лет за веру старец Павел Груздев[51]. Когда его спрашивали:

«Откуда у вас такие духовные дары», он отвечал: «Это все лагеря...».

Последние годы жизни старец Борис провел в Авдеевском доме престарелых. Там все недоумевали, отчего к этому старичку приходят за советом так много людей. Обитатели дома престарелых и персонал инстинктивно чувствовали, что перед ними необычный человек, но не знали, кто он такой.

Мой друг Александр С., 15 лет страдающий от тяжелейшего уныния, ездил к старцу и рассказывал, что уже в дороге начинал чувствовать облегчение. Старец, как правило, не принимал его (он вообще почти никого не принимал), и Александр садился на лавочку у его домика. Облегчение приходило почти сразу, и он счастливый уезжал домой.

Старец был бессребреником и мог спокойно сжечь большую денежную купюру, чтобы показать людям, с каким равнодушием нужно относиться к деньгам. Зимой он практически не топил в своей маленькой комнатушке. Жил очень бедно и затворнически, все силы сосредотачивая на молитве о несчастных по всему миру. Иерей Павел вспоминал, что старца долго не хотели восстанавливать в священническом служении, так как он своей жизнью стал бы немым укором для многих священников. Незадолго до смерти старца дружественный ему епископ Елисей[52] все же вернул ему возможность служить литургию, но было уже слишком поздно, и болезни не давали старцу служить в храме. Болея, старец говорил: «Не ищу ни креста, ни утешения», имея в виду, что готов с радостью принять то, что Господь пошлет ему по Своей любви. Один добрый священник Александр Сорокин очень огорчался, что старец его не принимает. «Неужели я такое чудовище, что не могу с ним поговорить?», – думал он. Но именно ему довелось позже провожать подвижника в последний путь, что было для него ответом старца: «Я тебя люблю». На погребении старца некоторые люди чувствовали благоухание. Старец Борис жил сокровенно и умер сокровенно, подобно пустынникам древности. Его пустыней стала для него сторожка при больнице, и он, выметая мусор, иногда повторял: «у Бога мусора нет», ибо все на земле лучится нетварным Господним светом. Его жизнь, внешне скорбная и незаметная, была вся полна тайной радости приобщения Господу. Он воочию увидел, что жизнь, по слову Симеона Нового Богослова, «это вечный праздник приобщения Богу».

СТАРЕЦ ЭМИЛИАН (ВАФИДИС)

Старец Эмилиан – уникальный греческий богослов и духовник, который смог возродить монастырь Преображения (Великий Метеор), самый большой из монастырей греческих Метеор, находившийся в 1960-е годы в запустении. Впоследствии он был переведен в монастырь Симонопетра на Афоне, который он тоже смог воскресить после долгого забвения, стал игуменом и был возведен в сан архимандрита.

Последние годы жизни старец находится в коме, изредка приходя в сознание и говоря что-то важное кому-либо из духовных детей. За много лет до болезни он говорил: «Я буду с вами и меня не будет с вами». И только когда пришла болезнь и настала кома, стало ясно, что он имел в виду. За свою долгую подвижническую жизнь старец Эмилиан помог многим людям и написал несколько книг о духовности. По воспоминаниям иеромонаха Макария из афонского монастыря Симонопетра, старец Эмилиан (Вафидис) говорил: «Наставник не идет перед учеником – он идет позади, поддерживая его. Я помогаю, но инициатива – за тобой».

Старец Эмилиан (Вафидис) писал, что наше ежедневное общение с людьми, его высота, глубина и наполненность, зависят от нашей уединенной молитвы к Богу: «В общении мы проявляем свою опытность, радость, мир, просвещение, святость. Но все это мы приобретаем при помощи молчания, молитвы, общения с Богом в своей келье. Никто не становится святым от общения с людьми. Через ближних к человеку приходят только страдания, скорби, муки, за которые он вправе просить себе у Бога воздаяния. Но освящается человек и закладывает глубокий фундамент для своего бытия во время совершения своего правила, в уединении…. Пусть наше правило будет настоящим»...

Будучи игуменом и принимая многих гостей, старец Эмилиан всем старался открыть, что для каждого человека Бог приготовил особый путь, на котором именно он сможет раскрыться в Духе. Потому так важно, каждому отыскать этот путь и идти по нему, а не по очень хорошему, но чужому пути. Старец всегда учил, что человек пришел в этот мир для радости. У него есть слова: «Если монах не имеет радости в своей душе, уже с этим нужно идти на исповедь». «Если увидишь какого-нибудь подвижника, который постится, молится, спит на земле, отправляет изнуряющие службы, но не имеет радости, то его борьба фальшива и напрасна». «Главное в духовной жизни – это радость». Старец считал, что где бы мы ни были, жизнь должна приносить нам радость, либо мы еще не обрели свой путь и место на этом пути: «За всю свою жизнь я не видел ни одного человека, который бы не получил от Бога того, что просил».

«Не говори, когда ты хочешь победить какой-то грех, «я больше не буду врать», «я больше не буду раздражаться», потому что ты соврешь и раздражишься, как только выйдешь из моей кельи… А постарайся вместо этого приобрести желание ни в чем не огорчить Господа, и у тебя получится все остальное».

Старец Эмилиан всегда поощрял высшее образование монахов, хотя бы для того, чтобы они могли ответить на многие сложные вопросы тех, кто приходит в монастырь за советом.

««Я читаю Евангелие» – означает, что я стою прямо перед Христом в ожидании услышать от Него наставление на сегодняшний день, которое приоткроет для меня Бога и наполнит собою мои размышления… Евангелие учит нас правильно принимать решения».

«Если не можете быть святыми, будьте хотя бы вежливыми».

«Бог – это скала на все века, и в долготу, и в глубину, и в высоту. В Нем могут найти опору все».

Беззащитные люди

Старец Эмилиан говорил, что о монахах нужно заботиться, потому что это самые беззащитные люди. Под монахами мы можем подразумевать вообще всех тех, кто отважился ходить по воде надежды, не имея хорошего жизненного плана, как ему есть, пить и во что одеваться. Это и творческие люди, умножающие красоту, и служители дел милосердия, и все им подобные, неважно, живут они в обители или в огромном городе. Все они нуждаются в помощи, потому что каждый утешитель тоже нуждается в утешении. И помочь им – обрести милость перед Богом. «Кто принимает пророка во имя пророка, получит награду пророка; и кто принимает праведника во имя праведника, получит награду праведника» (Мф. 10.41). Есть у Бога для людей такое особое служение – послужить служителю. Ведь те, кто по выражению древнего аввы, «держат стены мира» – люди особенно тонкие и ранимые, и им, как и всем другим, драгоценно не только любить, но и быть любимыми…

О молитве

Среди изречений старца, собранных в книге «Жить в присутствии Бога»[53], часто речь идет о покаянной молитве, которая наполнена благоговением и благодарностью. «Плач начинается лишь с того момента, как я приступаю к покаянию. И плачу я не для того, чтобы получить отпущение грехов, но чтобы выразить свою благодарность Богу, Который изменил меня Своей Десницей. Я плачу, свидетельствуя об освобождении и ликовании своего сердца, воспевая Богу победную песнь. Я приношу свои слезы как благодарственную жертву. Слезы вместе с Евхаристией и молитвой Иисусовой – самые благоприятные жертвы перед Богом. Такие слезы заключают в себе сладость».

«Молитва – естественная потребность, заложенная в сердце каждого человека. И нет человека, который совсем не имеет потребности в молитве. Потребность искать Бога и находить Его – это привилегия человека!».

«Не существует двух систем духовности – и монахи и мир молятся молитвой Иисусовой. Эта молитва рождается в экзистенциальной глубине человека, который тоскует по Богу и ждет встречи с Ним. Иисусова молитва есть живая память о Боге. Что же происходит с нами через такое призывание и повторение? Мы обретаем духовную силу, исходящую не от нас, но от Самого Бога. Имя Господа, которое мы повторяем, не есть что-то случайное, но оно содержит в себе Божество, оно содержит в себе Самого Христа, Который непосредственно входит в наше сердце. Следовательно, частое призывание этого Имени в молитве имеет большое значение». Итак, повторение слов молитвы не есть какая-то магическая практика, которая сама по себе может дать определенный результат. Повторение молитвы нужно для удержания ее в душе, врастания в нее, запечатления в душе имени Христа. «Иисусова молитва является самым великим счастьем, которое только может иметь человек на земле. Она есть непрестанное причащение Бога».

«Человек переменчив: на него влияют его здоровье, климат, люди, собственное душевное состояние. Никогда он не бывает одним и тем же. Однако, пусть нас не интересует, сможем ли мы всякий раз вкусить плод молитвы. Будем совершать правило в отведенное для этого время, а остальное – как Бог даст. Изменение нашего духовного состояния – это дело Бога, а не нас самих. Бог желает, чтобы мы пребывали в молитве два, три, четыре, пять часов и наслаждались этим. Какой плод это нам принесет, зависит от Бога. Мы дадим ответ не за то дело, которое совершается Богом, а за свое собственное».

«Приступая к молитве, мы часто не чувствуем ревности, не ощущаем Божьего присутствия, Бог кажется нам каким-то неведомым, суровым, мрачным, нелюбящим и даже несуществующим. В таких случаях мы бросаем молитву. Но это неправильно. Если мы все-таки возьмем на себя эту тяжесть, осознаем, что должны молиться во тьме своего одиночества, потерпим адовы муки своей души и будем творить молитву в этой геенской темнице без всякой надежды, без Бога, без единого луча света, как того недостойные, – именно тогда начнет действовать Бог. Он придет и снимет тяжесть с нашего сердца, успокоит нас».

«Существует много способов Иисусовой молитвы. Каждый человек соответственно своему характеру находит свой способ, который со временем изменяется. Важно найти способ молитвы, который подошел бы нам сегодня. А завтра Христос подаст нам другой способ. Завтра может наступить через месяц, через 5 лет и даже через 20. Но только представьте себе, – это 20 лет борьбы вместе со Христом, пребывания вместе со Христом. Если оставить на столе мед – пчела прилетит сама – мне не нужно звать ее. То же самое происходит и с молитвой – я заключаю ум в слова молитвы, а Святой Дух Сам по себе приходит и соединяется с умом. Вот так совершается наше обожение. Очень просто и незаметно для нас. Постепенно мы начинаем видеть и результаты».

«К одной вещи мы должны быть внимательны – когда мы молимся, когда успокаиваемся, если мы будем честны перед Богом, то сможем делать дивные дела и в наших душах, и даже в обществе. Но мы должны быть внимательны и не отвлекаться. Мы можем научиться, если хотим этого, быть орудием благодати – не заниматься не своими делами. Чтобы нас не интересовали вещи, которые нас не касаются. Чтобы мы не открывали наш горизонт по-мирски, но поднимали самих себя на небеса. Надо сохранять сколько можно в молчании наш ум, не оставлять его на растерзание помыслов. Один помысел может прийти, это человеческое. Однако, когда помыслы видят, что мы не придаем им значения, не начинаем рассматривать, правильный он или неправильный, будем мы его слушать или не будем, тогда помысел уходит. И тогда помыслы нас оставят, если мы никакого значения не будем им придавать. Не надо, чтобы нас окружали помыслы, чтобы они отвлекали нас, не надо начинать работы, которые для нас не жизненно необходимы. Даже если мы катехизаторы, или духовные лица, исповедники, учителя, священники какого-то прихода, проповедники – все что угодно, где необходима деятельность, где нужно что-то организовать. Тогда мы должны это сделать. Так и апостолы организовывали, собирались и говорили – этот поедет в Японию, этот – в Египет, этот – в Индию… Это просто организация, подобное и мы будем делать, но не будем начинать вещи (работы), которые нас утомляют, запутывают, отвлекают. Насколько можем, надо держать самих себя в нашем сердце, особенно наши мысли, чтобы их нашел Бог чистыми и мог писать на них. Когда мы занимаемся многими вещами, когда ввязываемся в лишние работы, эта запутанность и есть катастрофа, поэтому и говорят, что выше десяти заповедей есть одиннадцатая – НЕ ВПУТЫВАЙСЯ. Не будем впутываться ни во что – не будем огорчаться, не будем переживать, не будем бояться нашей болезни, ни смерти, ни переживать за нашего отца и нашу мать, за наших братьев… «Ах, придет 666, ах, будут делать удостоверения, ах, умрет наше общество, мир пропал, все ранены, ушла, потеряна вера во Христа, никто не рассчитывает на Церковь!» Что за отвлечения это!? Будем нераздельны – я и мой Бог!».

О вере и Боге

«Откровение личного Бога совершается для конкретной человеческой личности!».

«Дух Святой дарует человеку некое постоянное благодатное состояние».

«Предмет исповеди – не поступки другого человека, а моя реакция».

«Мерило воздержания – рассуждение, принимающее в расчет здоровье человека. Мера воздержания зависит так же от места, среды, климата, от состояния, в котором мы находимся… Поэтому блаженный Августин настаивает, чтобы мерилом для тебя было хотя бы твое здоровье».

«Не желающий каяться хочет всегда поститься или бдеть целую ночь. Ему надо сразу все».

«Мир есть пространство Церкви, а мы – члены ее тела».

«Большинство болезней происходят от потери душевного мира, бывают следствием уныния, многословия, гордости, упрямого своеволия, навязчивых желаний».

«Мы склонны унижать ближнего или поддразнивать, часто в присутствии других. В особенности же мы склонны сказать ему нечто такое, что бы поставило его на место… Будем вести себя с ним просто и естественно, чтобы он чувствовал себя царем, радуясь благородству человеческой природы».

«Бог там, где нам больно. Он с нами даже там, где мы Его не чувствуем. И наш труд по обретению Его никогда не будет напрасным, ибо Он сказал: «и приходящего ко Мне не изгоню вон» (Ин 6.37»)».

Глубочайшие размышления старца Эмилиана об опыте веры и о том, что даже отсутствие живого опыта можно обернуть себе на пользу и достичь веры: «Чтобы обрести переживание Бога, надо пережить тысячу мраков Его отсутствия и Его незримости. Когда же ты через это получишь опыт собственного незнания Бога, полной Его незримости, когда ты почувствуешь, что погружен во мрак своей греховности, и осознаешь полное бессилие, ты удостоишься получить в качестве приданного Божественную благодать».

«Поэтому следует доверять Святой Горе, ибо она не учит тому, что появилось лишь сегодня. Она авторитетна, ибо свидетельство ее доходит до Христа. Она имеет и дает жизнь, а жизнью является Сам Бог, твой Бог! В Писании сказано: «Светильник Господень – дух человека, испытывающий все глубины сердца" (Прит. 20.27). Ты слышишь? Свет Божий есть наше дыхание. То есть мы бы умерли без света Бога, пускай незримого. Следовательно, ты обладаешь светом и должен верить в то, чем обладаешь, ибо это поставит тебя когда-нибудь одесную[54] Бога. Достаточно помнить это и знать об этом: как дыхание, он войдет в тебя и наполнит жизнью. Но, может быть, у тебя нет дыхания? Есть! Нет света? Нет Бога? Это невозможно. Твое дыхание скрывает свет. Задержи дыхание – ты задержишь Бога! Бог поселился в нас, исследует глубины нашей души и видит наши желания. Один монах сильно страдал, ибо его старец чувствовал переживания Бога, а сам он – нет. И знаете, что он сделал? Он упал ниц, склонился на колени и стал целовать землю, скамью, дверь кельи старца и все, что там было, говоря: «И здесь есть Христос – я целую Христа». Другой целовал осла, который поднимал его в гору, и припоминал слова, что Бог дает отдохновение труждающимся и обремененным. Поцелуй и ты землю, по которой ходишь ты, твоя жена, муж, ребенок, то место, где ты молишься, где воскуряешь фимиам, где плачешь. Почувствуй Христа и облобызай место, где это произошло, где Бог пришел. Святая Гора показала нам, что благодать Божия действует повсюду».

Многие люди беспокоятся о том, что Бог не выполнит Свою работу, не увидит наш труд, нашу боль, не отнесется с должным вниманием к нашим переживаниям, откажет нам в важной для нас просьбе... Даже у святых бывали такие тревоги. Так, старец Гавриил (Стародуб) как-то очень волновался о том, жалко ли Богу нас так же сильно, как нам жалко самих себя? И он открыл нам, что ему в ответ на это его терзание явился Христос и сказал: «О, люди, если бы вы знали, как Мне вас жалко! В десятки раз сильнее, чем вам жалко самих себя».

Старец Эмилиан пишет об этих переживаниях так: «прежде чем в жизни человека произойдет эта единственная в своем роде встреча – встреча с Богом – человек должен пострадать, помучиться, это может быть горячка или какая-либо иная боль – телесная, душевная, духовная. Тому, кто не страдает, не плачет, не омывает лицо слезами, невозможно увидеть Бога. Не бывает рождения без болей. Только боль может освободить человека от безрассудных желаний и от всего, что его увлекает, сделать его свободным от самого себя и соединить с Богом».

СТАРЕЦ ДИОНИСИЙ (КАЛАМБОКАС)

Духовный ученик старца Емилиана (Вафидиса) и бывший архимандрит Элладской Православной Церкви, настоятель монастыря Петра (Греция). Он был пострижен в монашество в 1969 г. и с тех пор последовательно жил в разных монастырях в Греции, в т. ч. в Великих Метеорах, и на Святой горе Афон. Отец Дионисий основал несколько монашеских обителей в Греции, Норвегии и США. До того момента, как в 2017 г. он был запрещен Греческой церковью в священнослужении по обвинению в лжестарчестве, его обители Петра и Фивы Семивратные[55] уже успели стать центрами притяжения для паломников со всего мира.

Приехав в монастырь Животворящего Креста в Фивах, чтобы впервые встретиться со старцем Дионисием Каламбокасом, я пожалел, что я не художник и не могу запечатлеть на картине то высокое и чуткое внимание сестёр обители ко всем нам. Лишь к вечеру первого дня нашего пребывания в обители оказалось, что та жизнерадостная монахиня в простом переднике, которая помогала нам устроиться в наших комнатах? – это сама игуменья монастыря, геронтисса Иеронимі. Ни тени властности, ни капли желания указывать другим, а только желание послужить и поддерживать... Мы приехали в обитель Креста незадолго до службы и хотели пойти в храм, но игуменья сказала, что никак невозможно идти в храм, не пообедав с дороги. Для нас семерых накрыли чудесную трапезу, и пока мы ели, вечерняя служба закончилась. В ответ на наше переживание сестры дали понять, что самое главное, что мы пообедали и не голодными отправимся спать...

Интересно, что иконная лавка в обители Креста открывается крайне редко – после воскресной литургии и всего на один час. У монахинь нет цели продать тот или иной товар гостям, похоже, они и лавку держат для того, чтоб порадовать приехавших из других стран людей, желающих привезти что-то отсюда домой на память... Монахини обители Креста обладают искусством готовить из различных трав и сочетаний мёда мазь, которая тотчас после применения снимает всю боль в суставах и неоценима при различных артрозах и артритах. Эта мазь продаётся в иконой лавке, но, как и всё остальное, воспринимается не как товар, а как ещё одно чудо и продолжение необыкновенной доброты сестер. Иконная лавка в Фивах совершенно не запирается. Деньги и писаные иконы лежат там без какого-либо присмотра. А ещё здесь никто здесь не знает цен на иконы. Никто не хочет даже торговать. Мой друг однажды хотел купить себе что-то в лавке, но торговля велась совсем не по магазинным правилам. Приведу здесь разговор друга с французом-паломником, который запомнил некоторые цены на товары, понаблюдав за работой лавки три года назад.

– Это сколько стоит?

– Пять евро.

– А можно взять несколько таких за три?

– Берите...

– А эти иконы сколько? – и указывает на ящик.

– Это бесплатно. На раздачу для бедных.

– А можно взять на больницу все?

– Берите.

– А эти? – указывает на другой ящик.

– Эти тоже бесплатно.

– А все можно взять?

– Конечно!

В итоге мой друг вышел из лавки нагруженный сумками. Француз озадаченно спрашивал: «У вас, что, на Украине иконы не пишут?». На это друг отвечал: «Пишут, но мало». А я, не имея возможности купить что-либо, наблюдал всю эту сцену в лавке как некий апофеоз человечности или подлинный христианский коммунизм, где каждому дают все, что он хочет. Позднее мой друг раздал в больнице все приобретенные там иконы. Не знаю даже, оставил ли он что-либо себе? Любовь порождает любовь, а однажды встретив настоящих людей, хочешь и ко всем своим встречным относиться по-настоящему...

В каждой гостевой комнате в обители Креста есть небольшая библиотека. Святой Нектарий Оптинский говорил о таких вещах, что «Господь не только не запрещает, но даже требует, чтоб человек возрастал в познании».

Обитель Креста в Фивах построена в 90-е годы XX века. Одна добрая семейная пара, некий Димитрий (1922 - 2005 годы жизни) и его жена – не имели детей. Но им хотелось оставить о себе на земле добрую память, и тогда они приобрели участок земли в горах близ города Фивы и отдали его старцу Дионисию для постройки монастыря. Здание обители Креста построено в форме средневекового замка (да и некоторые из монахинь здесь носят имена западноевропейских средневековых православных святых). А у выхода из замка висит зонтик. Он ничей и общий, чтобы всякий выходящий на улицу смог в случае надобности защититься от дождя.

Обитель Креста, как и все монастыри старца Дионисия – интернациональна. Сестры здесь собрались из США, Канады, Германии, Греции и множества других стран. А уж гости приезжают чуть ли не из других галактик, – японцы, арабы, африканцы, американцы, европейцы, австралийцы... Интересно, что такое разнообразие культур и стран не затрудняет общения. Даже если вы не способны к языкам или думаете, что не способны, – не беда. Здесь обязательно встретится кто-то выучивший тот язык, на котором говорите вы.

Священник обители Креста – пожилой и добрый иеромонах Соломон. Он очень любит животных и те ему отвечают тем же: когда он ходит по монастырским дорогам, то за ним бегут 15 местных котов и две собаки. Он же кормит и живущих тут павлинов. Познакомившись с нами он, чтоб нас порадовать, прежде всего спросил: «Хотите, я принесу вам павлиньих перьев?»

Очень укрепляют паломников почти каждодневные литургии в обители Креста. Здесь никто не ищет повода не допустить тебя ко причастию, и по древней греческой традиции причащаются все, кто только этого жаждет. Как-то мы проспали службу и монахини пошли просить священника вынести чашу уже только для нас. Вечером перед последним днем нашего пребывания в обители Креста и в Греции вообще нам всем уже казалось, что у старца Дионисия не получится встретиться с нами. Даже геронтисса Иероними говорила, что старец не в Греции и скорее всего не приедет. Ночью нам написали, что завтра старец улетает в Париж, и надежды на встречу осталось совсем мало. Утром последнего дня перед отлётом мы причастились и отправились с четырьмя нашими спутниками в Афины. И тут произошло следующее. У одной из спутниц внезапно и беспричинно отключился телефон с картами города. Попытки исправить его ни к чему не приводили, и пока другая наша спутница включала свой интернет (которого у неё было мало) мы с моей супругой решили от всего сердца поблагодарить Бога даже и за то, что мы не встретились со старцем, ведь Господь знает, что делает. И тотчас мы услышали радостный крик нашей спутницы, включавшей свой интернет. Оказывается, в эту самую минуту старец Дионисий написал на её номер, что ждёт нас в Афинском аэропорту в 16.00. То есть через два часа... Отдельная история как мы старались успеть в аэропорт, но и тут Господь коснулся ситуации, и авиарейс старца на Париж задержали на пол часа... Когда мы приехали в аэропорт, то без труда нашли место, где нужно было ждать старца, – там уже собралось множество монахинь, священников и вообще разных людей. Подошли и мы. Старец приехал на машине, вошёл в здание и вокруг него словно загорелся свет. Прежде всего, он обратился со словами: «Старец просит у вас прощения, что у него не хватило дней и ночей видеть вас». А дальше он начал приём людей и чуть больше чем за час успел выслушать и обрадовать каждого, и никто из пришедших не ушёл ни печальным, ни огорченным. Наконец, поговорив со всеми, старец благословил и обнял каждого и ушёл на свой самолёт. А мы со спутниками сели в арендованную семиместную машину и отправились в обитель Креста.

Цитаты из интервью со старцем Дионисием Каламбокасом

«Мать должна до конца жизни кормить своих детей радостью».

«Церковь непрестанно даёт нам жизнь»

«Когда есть любовь – нет проблем. Когда нет любви, но есть законы – тогда рождается ад».

«Как мы будем себя вести дальше – это плод целой жизни».

«Когда человек просит что-то у Бога и не получает оного, что это значит? Это значит, что он сам этого не хочет. Это значит, что это не будет для него благом. Это значит, что Бог хочет почтить его выше, дать ему большее благословение».

«Самолюбие и эгоизм – это значит что я ослеп, я не вижу ближнего, я не чувствую Бога вокруг себя, я не вверил себя Богу. Разве это жизнь? А современный человек так себя и ведёт...»

«Брак и супружество – это высшее, что есть на земле. Это радость, ликование, это совместное путешествие с Богом, где есть двое и Бог – третий».

«Любовь без слёз, без ссор и без бессонных ночей – это не любовь, а еда без соли. Любви без боли не существует. Да и нет в ней тогда ни смысла, ни качества. Любовь – это нечто большее. Любовь делает нас готовыми платить за грехи других... Это неизмеримо более высокая ступень. Быть способным платить за грехи, которые ты не совершал, как сделал это Христос. Это Любовь».

«Нам нет оправдания, если мы пренебрегаем людьми...»

«Сердце создано для того, чтобы молиться и разговаривать с Богом».

«Высшая святость – когда другие тебя используют».

«Чем сильнее сжимают воду, тем дальше она выстреливает. Чем сильнее сжимают нас наши скорби, оставляя нам только одно направление – к небу, тем выше может вознестись сердце, взгляд, вдох, слеза, просьба. Просьба подобна пламени: как ни поворачивай свечу, пламя будет стремиться вверх. И так бывает сдавлен нищий, бедный, одинокий».

«Бог уловляет каждого из нас или через наши страсти, или через наши таланты, или через наши грехи».

«Когда мы говорим «Господи, Иисусе Христе, помилуй мя», мы просим его:

«Приди в моё сердце, потому, что я Тебя люблю, и Ты меня любишь».

Заметки об отце Дионисии

Как старец Дионисий деньги прислал

20 декабря 2014 я стоял на утренней литургии в храме и ко мне пришли мысли, что у меня совсем нет денег и нет возможности их заработать. Но я не стал огорчаться и только сказал сам себе: «Если мне очень будет нужно, то

Бог скажет старцу Дионисию, и тот найдёт возможность мне их прислать». После службы в нижнем этаже храма состоялась неожиданная и незапланированная встреча духовных детей и почитателей старца. На этой встрече у меня купили книг на 500 гривен и ещё подарили 2000 гривен. Только когда встреча окончилась, я вспомнил о своей мысли по поводу денег...

Два ангела

Однажды старец Дионисий рассказал такую историю. Он знает в Греции человека святой жизни. В келии этого человека прибиралась женщина. Она была одинока, но имела двоих детей которым было лет по семь-восемь. Несколько лет она помогала этому монаху, потом, неожиданно, заболел и умер первый её сын, а потом и второй. Она не перенесла удара, и сказала, что теперь она больше не верит в Бога, церковь, святых, старцев, иконы и вообще во всё священное. У неё была только церковь и дети, а теперь Бог отнял детей. А потому она будет жить, как может. И она ушла. Монах пошел к ней домой. Стучал и просил открыть. Но она гневно ругала его и говорила, чтобы он убирался: «Что ты мне сможешь сделать? Ты не вернёшь детей! Ты только будешь рассказывать истории и дарить иконы, а я больше ничего связанного с церковью не хочу». Тогда монах сказал, что, если она не откроет, он войдёт сам. Она отворила двери, но села в дальнем кресле и ни на что не реагировала. Монах попросил её показать фотографию детей. Она не отвечала. Тогда он сам нашел фото на шкафу, стал рядом и начал горячо молиться, воздев руки к небу. И, внезапно, женщина увидела, что фотография ожила. Дети на фото стали расти. Вот, им уже 10 лет, 15, 20, 30. И тут их лица становятся звероподобными, искаженными ненавистью. И стреляют друг в друга и убивают. И монах сказал: «Когда твоим детям исполнилось бы тридцать лет, они бы влюбились в одну женщину. Блуд так бы завлёк их, что они стали бы ссориться, а потом убили один другого. Боль у тебя была бы и так и так, но сейчас они – два ангела в раю. А тогда никто бы не стал служить литургию о нераскаянных убийцах». И эта женщина вернулась в церковь...

Большой дом

Одна богатая семейная пара ещё до начала Донбасской войны получила от старца Дионисия благословение построить большой дом. Они недоумевали, для чего это нужно, но согласились. В начале войны они уехали за границу, а в их доме несколько лет жили разные священники и студенты, кому просто некуда было деться. Получилось что-то вроде маленького общежития, на радость людям. Так помогло всем благословение старца.

Можно

Некий добрый священник спросил старца Дионисия, можно ли, если мы искренне и без похоти восхитились красотой некой девушки, сказать ей, что она красива? И старец ответил, что это можно.

Посудомойка

Один благочестивый и кроткий священник пришел на приём к вздорному и скандальному епископу. Пообедав на кухне, он помог прислуживающей в епархиальном управлении монахине вымыть посуду. Потом зашел в приёмную епископа и тот принялся кричать: «Где ты был?» «Я мыл посуду», – просто ответил батюшка. Епископ ещё больше разъярился, позвал монахиню и стал дико кричать на неё: «Он что – посудомойка тебе? Чтоб я такого больше не видел!!!». Когда священник вышел от епископа, монахиня сказала, что тот постоянно её обижает и просила батюшку передать поклон старцу Дионисию. Когда батюшка приехал в Кардицу к старцу и передал поклон, старец неожиданно сказал: «Защищайте её, даже если вас обзовут посудомойкой…» Священник был поражен этим словам, ведь о том случае знали только он и монахиня…

Другая Вселенная

Христос говорил ученикам: «Небо и земля прейдут, но слова Мои не прейдут» (Мк 13:3). Инокиня Серафима как-то спросила старца Дионисия Каламбокаса: «А после Второго Пришествия – это будет уже другая планета?»

И старец ответил: «Это будет другая Вселенная…»

Знакомство со старцем

По благословению отца Дионисия Андрей и Виолетта из России приехали в чешский город Карловы Вары, взяли в аренду старинное здание и занялись гостиничным бизнесом. Они не были лично знакомы со старцем (общались с ним только по электронной почте), и мечтали встретиться с ним в Греции, но из-за высокой занятости никак не могли выкроить время. Так прошло 3 года и они печалились, что никак не могут увидеть старца. И тогда старец, чтоб они только не грустили, сам купил билет на самолет и прилетел к ним на 2 недели из Афин. (Это случилось в июне 2019 года)

Сказка нашей жизни!

Одна моя читательница, которую я знаю по переписке в интернете, неожиданно лишилась жилья, и унывала, так как не могла поверить, что Господь ей поможет в таком сложном деле, как покупка нового дома. Она и её муж – светлые люди, но работают на низкооплачиваемых работах, и собрать на дом им своими силами было бы совершенно невозможно. По моему совету она написала старцу Дионисию Каламбокасу и попросила его о помощи. После молитв старца её знакомый священник разместил в интернете объявление о сборе средств на покупку дома для этой девушки, её мужа и ребёнка. Те, кто размещают в интернете подобные объявления, знают, что на них никто или почти никто не откликается, а если что-то и присылают – то жалкие гроши. Надежды на счастливый конец, казалось бы, не было. Но девушка продолжала делать добрые дела, например, кормить нескольких нищих, хотя сама была крайне стеснена в средствах. И случилось чудо: всего за неделю было собрано несколько сот тысяч рублей на новый дом, то есть – собрали всю необходимую сумму… Вот фрагмент её счастливого письма мне об этом: «Я ваши статьи читала, вдохновлялась на доброту. Помните, вы писали, как вас у отца Дионисия накормили? Как-то я смотрела в окно. А у нас там мусорные баки рядом. И ходила бабушка бомж, рылась там. Я ей стала еду носить, деньги. Увижу в окно, положу ей покушать в банки то, что сами едим. Порой у самих не было, что покушать, но делилась с ней, разговаривали с ней, рада была ей помочь, обнимала её, чтоб утешить… И ещё возле церкви был бомж, я его защищала от других бомжей. А у нас такая ситуация сложилась, я вам ссылку сбрасывала, что нам деньги собирали на жилье. И представляете какой нам помог фонд???!!! Который кормит бомжей!! Цепочка добра!». Какое всё же счастье, что весь мир – Божья сказка для добрых душ!

СВЯТОЙ ИОСИФ ИСИХАСТ

Имя этого старца напрямую связано с Афоном. Иосиф Исихаст (в миру Франциск Коттис) является духовным наставником многих афонских монахов и прославлен Константинопольской православной церковью в лике святых преподобных. В 1921 году в возрасте 24 лет он раздал имущество бедным и ушел на Афон, чтобы стать монахом. Его первым местом на Святой Горе Афон был район Катунакия. Он остановился в монастыре под духовным руководством святого Даниила Катунакиотиса из Смирны. Но вскоре удалился по желанию старца Даниила, ибо желал чрезвычайной аскезы, тишины и уединения с целью внутренней молитвы.

Через 4 года он принял монашеский постриг с именем Иосиф. а еще через 3 гда вместе с монахом Арсением переехал в более гористую и отдаленную местность, в скит Святого Василия, где провел 10 лет. Вокруг Иосифа сформировалась монашеская братия.

Позже подвижники перешли в ещё более заброшенный скит святой Анны, в пещерах, под горным обрывом, где воздвигли себе скромную хижину. Особенностью устава братии были ночные бдения – фактически основная их жизнь протекала ночью, когда они читали Иисусову молитву. Так старец Иосиф поддерживал практику исихазма, благодаря чему среди монахов (а потом и среди мирян) он обрел второе имя Исихаст.

15 августа 1959 г. – день кончины этого афонского подвижника. Митрополит Афанасий Лимасольский, вспоминая святого, писал, что главный тезис его учения заключался в необходимости для людей Иисусовой молитвы и частого причащения и иноков, и мирян. Преподобный Филофей (Зервакос) говорил об этой практике Иосифа Исихаста: «Если человек всеми силами стремится к этим двум таинствам – покаянию и святому Причастию, то, ручаюсь, он преуспеет и достигнет Божественного».

Когда старца Иосифа Исихаста душили помыслы, он говорил себе: «Все то, что ты говоришь, хорошо. Есть масса логических подтверждений и доказательств, что все это так, как ты говоришь. Но только где же тут Бог?»

«Не ищи в скорбях утешение от людей, и получишь утешение от Бога».

«Каждый человек как живет, так и говорит. Узнай истинность слов из образа жизни».

«Боящийся познать себя пребывает далеко от знания и ничто другое не любит, как только видеть ошибки других и их судит. Он не видит у других дарований, а видит только недостатки. Не видит в себе недостатков, а только дарования».

СТАРЕЦ ИЛИЙ ОПТИНСКИЙ (НОЗДРИН)

Одним из ныне живущих в России старцев считается схиархимандрит Илий (Ноздрин)[56], духовник братии Оптиной пустыни. Родившийся в 1932 году в Орловской области в крестьянской семье (время сталинских репрессий), он был крещен и назван Алексеем в честь Алексия, человека Божия. По собственному признанию, молиться начал с трёх лет. А позже, после прочтения книги о старце Силуане Афонском, принял решение о поступлении в Пантелеимонов монастырь на Святой горе. К 30 годам он уже успел закончить Саратовскую духовную семинарию и принять монашество. А в 1976 году – определением Священного синода – он был направлен на Афон, где служил иноком 13 лет. После возвращения в Россию священник был направлен в качестве духовника в восстанавливаемую Оптину пустынь и там был пострижен в великую схиму с именем Илий, а позже стал схиархимандритом.

Я видел старца Илия всего один раз в жизни, в Оптиной пустыни. Был будний день и в храме было мало людей, но его окружили плотным кольцом и стали задавать вопросы. Я, не особенно надеясь поговорить, сказал ему:

– Батюшка, хочу научиться…

Он сразу повернулся и с необыкновенной веселостью говорит:

– Что? Иди за мной.

Привел меня на клирос. Я спросил его, как научиться верить? Он сказал: «Вера – величайший дар Божий, даруется за нравственную чистоту». И добавил: «За один косой взгляд теряется благодать». Когда я сел рядом со старцем на клиросную скамейку, почувствовал исходящий от него свет. Глазами я ничего не видел, но всей душой и всем телом чувствовал свет, который одновременно был радостью, и радость, которая одновременно была светом. Я немного отодвинулся от старца, и свет стал ощущаться не так сильно, придвинулся – и свет усилился. Так Господь мне показал, что есть живая вера на самом деле.

Схиархимандрит Илий всегда высказывался негативно о российской советской истории, построенной на атеизме: «Сначала на лжи построили революцию, мол, людей эксплуатируют, люди плохо живут. На самом деле все было в достатке. Люди были за царя. Россия была богатая, крепкая, могучая. Были расходы на оборону, страна была крепкая в военном отношении». По мнению священника, и Великая Отечественная война была вызвана не чем иным, как разорением храмов, "чудовищными преступлениями против веры". «Господь дал нам Победу (в Великой Отечественной войне). Но никакой не Сталин, бандит этот! Сколько русских душ они вместе с Ульяновым погубили! Скольких они лишили жизни только на Колыме, на Соловках, на севере, на юге. За что? За что расстреливали совершенно невинных людей? На моей родине, Орловщине, были расстреляны тысяча священнослужителей и верующих. А Сталин как был бандитом, так и остался».

СТАРЦЫ ЕФРЕМ ФИЛОФЕЙСКИЙ И ПАИСИЙ АРИЗОНСКИЙ

В американском штате Аризона в монастыре преподобного Антония Великого живут и служат старцы Ефрем Филофейский и Паисий Аризонский[57]. Старец Ефрем Аризонский (Мораитис), которого еще называют апостолом Америки, был послушником и учеником афонского старца Иосифа Исихаста, переехал в США из Греции в 1990 г. Старец явственно видел, сколь многие нуждаются в Америке в духовном руководстве, и как важно для них причастие в истинных православных приходах... Старец открыл 19 монастырей по всей Америке и Канаде, чтобы в любой части страны люди могли исповедаться и получить духовный совет. Игуменами и духовниками этих обителей он поставил своих учеников. Тысячи и десятки тысяч людей со всего мира посещают эти обители. Некоторые из учеников Ефрема и сами стали старцами, как, например, Паисий Аризонский. По легенде, старцу Ефрему однажды явился его почивший афонский наставник – святой Иосиф Исихаст, и, высыпав ему на колени 20 апельсинов, сказал, что столько обителей тот должен основать в США и Канаде. Сами монахи этих обителей и паломники говорят, что архимандрит Ефрем насытил духовный голод людей в США, открыв им дорогу к подлинности и красоте, которую может открыть лишь праведник, при жизни имеющий опыт райского блаженства. Задокументировано множество фактов и личных свидетельств духовных детей старца, которые подтверждают его прозорливость.

Вот несколько подобных историй. Один из монахов как-то ехал с архимандритом Ефремом на машине и подумал, что семидесятилетнему старцу тяжело постоянно ездить из города в город. От жалости он стал молится мысленно о старце, и в тот самый момент отец Ефрем стал молится об этом монахе вслух. Монах был поражен и день спустя спросил: «Старец, когда кто-то молится за тебя, ты знаешь об этом?». И он ответил: «Да, дитя мое, я всегда это знаю и благодарен за это».

Однажды некий молодой человек в Нью-Йорке попал в реанимацию. Родители очень волновались, но приехав к сыну, увидели, что тот уже идет на поправку. Он рассказал им, что всю ночь рядом с ним сидел и молился старец Ефрем. Медсестра так же подтвердила, что в палате пациента всю ночь был православный священник. Однако в те сутки старец на самом деле вообще никуда не выезжал из монастыря святого Антония и находился в своей келье.

Каждое утро отец Ефрем выезжает на автомобиле из обители преподобного Антония Великого в окрестные селения. Он везет с собой продукты и кормит встречных бедных. Встречи с ним всегда ждут с радостью и нетерпением, про него говорят: «Он очень любит помогать людям».

Отец Антоний (Мосхонас), настоятель православного храма в городке Тусóн (США), так вспоминал о старце Ефреме: «Мы, американские архиереи и иереи, в течение семидесяти лет хотели привлечь народ в Церковь проведением фестивалей. То есть мы устраивали праздники и гуляния, угощали людей напитками, едой и развлечениями. Мы забыли о молитве, исповеди, постах, четках – обо всем том, что составляет предание нашей Церкви. Мы даже препятствовали созданию монастырей, так как полагали, что в них нет необходимости, и они не могут ничего дать нашей Церкви. И вот пришел малюсенький человек, без мирского образования и богословских дипломов, без новаторских и смелых идей, которые в изобилии были у нас, и напомнил нам о самом главном – нашем православном предании. Он не звал на танцы и развлечения, а призывал к посту и участию в многочасовых бдениях. И люди откликнулись на его призыв, пришли к старцу и поддержали его. Число приходящих к отцу Ефрему не поддается описанию. Америка, стремившаяся к выходу из тупика культуры потребления и рабства материальным ценностям через различные общественные течения, например, хиппи, и восточные религии, открыла для себя подлинное неискаженное христианство – Православие».

Старец Ефрем писал: «Бог не желает, чтобы те, кого Он спасет, кто ищет Его милости, были тупыми, малодушными, трусливыми и неопытными. Божественное наследие – для возросших христиан».

«Любовь – это не просто протянуть руки и на этом закончить, но чтобы отдать свое сердце. Это имеет значение. Если ты умеешь делиться, значит ты умеешь любить».

СТАРЕЦ ИППОЛИТ (ХАЛИН)

«Серафим Саровский наших дней» – так называют паломники архимандрита Ипполита (Халина). Как рассказывает инок архимандрита, Георгий, по своим духовным дарам и монашеской традиции отец Ипполит представляет собой уникальный синтез афонского и русского старчества. Таких примеров в России очень мало. После трехлетней службы в армии юный Сергей Халин некоторое время работал «на гражданке», а затем ушел послушником в Глинскую пустынь (монастырь в Сумской области). Впоследствии он принял монашеский постриг в Псково-Печерской лавре и отправился на Святую гору Афон в Греции, где подвизался 17 лет. В 1991 г., сразу после того, как рухнул «железный занавес», отец Ипполит вернулся на родную Курскую землю с намерением восстановить заброшенный в советское время Рыльский Свято-Николаевский монастырь. Вплоть до своей кончины он был настоятелем этой обители, восстановленной им из руин. К отцу Ипполиту в Рыльск приезжали люди со всех концов России. Он был утешителем и помощником всем, кто страдал от тяжелых физических и душевных недугов, привел к вере множество людей, являя им чудеса прозорливости и дар исцелений. Батюшка был способен вылечить прихожан от самых тяжелых недугов – онкология, наркомания, алкоголизм, ВИЧ... Некоторые больные с разрешения старца оставались жить в монастыре. «Под крылом» доброго, милосердного старца тогда смогли обрести новое жилище, а потом и новую жизнь многие бомжи, освободившиеся преступники и запойные алкоголики. Некоторых прихожан монастыря пугала эта «братия», которая - как казалось - только разрушает монашеский быт. Но отец Ипполит защищал их, как родных. «Если изгоним пьяниц, то наступит крах»,- говорил он. Впоследствии многие из этих людей с «обочины жизни» встали на монашеский путь. Помимо Рыльского монастыря в Курской области отец Ипполит основал женский скит в Большегнеушево, который со временем так же получил статус монастыря в честь иконы Божией Матери «Казанской». При содействии батюшки в Северной Осетии были позже возведены Аланский Свято-Успенский мужской монастырь в Куртатинском ущелье и Аланский Богоявленский женский монастырь в Алагирском ущелье. После этого его стали называть современным апостолом Алании. Несмотря на свою огромную популярность среди прихожан, батюшка не оставил многочисленных высказываний, духовных писем или поучений. Его любили не за слова, а за его добрые дела («самый добрый батюшка на земле» – называл отца Ипполита архимандрит Кирилл (Павлов)). Как подлинный исихаст, отец Ипполит был немногословен. Он признавался: «Я не умею говорить». И все же «в народе» осталась известная фраза батюшки, которую тот часто повторял: «Легче железнодорожный состав разгрузить, чем молиться». После кончины архимандрита в 2002 чудеса продолжали происходить – на его могиле в Рыльском монастыре. Об этом свидетельствуют многочисленные факты исцелений и Божественной помощи, которые были явлены всем просящим и скорбящим.

СТАРЕЦ ЗОСИМА (СОКУР)

Схиархимандрит Зосима[58] основал в 90-х гг. XX в. две православные обители Украинской Православной Церкви – Успенский Свято-Васильевский мужской монастырь и Успенский Свято-Николаевский женский монастырь. При его участии и помощи на Донбассе было построено около десятка новых храмов. Отец Зосима был известен своим усердным и бесстрашным служением, за что Господь наделил его дарами исцеления и прозорливости. Он прошел тюрьму по статье «религиозная пропаганда». Но даже в советские годы безбожия, вопреки постоянному давлению со стороны КГБ, он находил силы, средства и единомышленников, чтобы реставрировать и открывать заброшенные церкви. Денег за требы он никогда не брал, а его частым советом духовным детям был: «Бойтесь испортить друг другу настроение».

Вот история, которой и я был свидетелем. Одна знакомая лет сорока поехала в Никольский монастырь в Донецкой области к старцу Зосиме Сокуру, предварительно написав на бумажке список из десяти вопросов, которые она намеревалась задать. Попав на прием, она уже хотела извлечь свой список, как вдруг старец заговорил сам и один за другим, по порядку, ответил на все волнующие ее вопросы.

СХИАРХИМАНДРИТ СОФРОНИЙ (САХАРОВ)

Старец Софроний (Сахаров), духовное чадо святого Силуана Афонского, известен во всем мире. Как к учителю к нему относились другие старцы: Илий (Ноздрин), Зосима (Сокур), Иоанн (Крестьянкин)… Его любили и чтили такие подвижники, как Эмилиан (Вафидис), Ефрем Ватопедский[59]. И все они узнавали в его опыте опыт стяжания

Святого Духа, который испытали и они. Не случайно преподобный Иустин Сербский говорил, что каждый настоящий христианин продолжает предание Церкви самим собой. Всякое наше доброе дело, светлая мысль, всякая победа над злом – есть продолжение Евангелия.

Старец Софроний (Сергей Сахаров) – схиархимандрит, ученик и биограф Силуана Афонского; основатель ставропигиального монастыря Святого Иоанна Предтечи в английском графстве Эссекс. Родился в конце XIX века в Москве, в мещанской православной семье, с юности выбрал художественную стезю – учился во ВХУТЕМАСе (Училище живописи, ваяния и зодчества) и писал картины. В 1922 году (в возрасте 26 лет) он эмигрировал из России и несколько месяцев провёл в Италии и Берлине, затем переехал в Париж, где работал художником и выставлял свои картины в парижских салонах. Но в 1924 году жизнь молодого художника круто переменилась: на Пасху у него случилось видение Нетварного Света, в связи с чем он решил посвятить свою жизнь Богу. Через 3 года он был пострижен в монашество на Афоне с именем Софроний, а еще через 3 года познакомился со святым старцем Силуаном Афонским, который стал его духовным наставником.

В 1959 году отец Софроний переехал в Великобританию, где основал монастырь Святого Иоанна Предтечи в графстве Эссекс в юрисдикции Константинопольской православной церкви. С 1959 по 1974 год он был его первым настоятелем а впоследствии – духовником. За годы служения в монастыре отец Софроний стал настоящим светочем православия, к которому за советом и благословением приезжали люди со всего мира. Прозорливость старца помогала духовным ученикам открывать новые грани веры, творчества, служения, а иногда и радикально менять судьбу. Например, эстонский православный музыкант Арво Пярт (родился в 1935) после визита к старцу Софронию стал великим христианским композитором, а не сторожем храма (как он изначально планировал). Это случилось лишь потому, что отец Софроний увидел его дар композитора и благословил духовного сына на музыкальное творчество.

Схиархимандрит Софроний (Сахаров) писал, что «Всякая внешняя форма – ниже замысла Божия о человеке». Но люди любят именно эту внешнюю форму, потому что она избавляет их от труда, давая взамен обряды и предписания, которые кажутся чем-то вроде адекватной замены богообщения. Не случайно Достоевский в романе «Братья Карамазовы» создает злобного и дикого инока Ферапонта, к которому тянутся люди, потому что все они принимают его мрачность и суровость за величие духа.

Приезд старца Софрония в Англию

Господь действует через всех людей, но чаще – через тех, кто охотно открывается Его мудрости и красоте. В 1958 г., за день до того, как старец Софроний и его духовные чада подали документы о переезде из Франции в Англию, в английском парламенте рассматривался закон об эмигрантах. Консервативная партия требовала полностью запретить допуск в страну бедняков, чтобы те не мешали своим присутствием росту экономики. Тогда кто-то из парламентариев сказал, что если бы завтра в Англию хотели въехать 12 апостолов, то из них это смог бы сделать только Иуда Искариот, потому что у него был денежный ящик. А на следующий день министр внутренних дел и вправду получил прошение на въезд... от старца Софрония. Памятуя вчерашний разговор в парламенте, министр разрешил старцу с общиной поселиться в Англии.

Отец Софроний - о вере

Старец Софроний говорил, что «молитва, творимая с болью, имеет особую силу», и тогда Бог входит в обстоятельства нашей жизни и приносит радость, о которой мы не умели и думать.

Однажды ученый патролог будущий митрополит Иерофей (Влахос)[60] сказал старцу Софронию: «Отче, в моем сердце очень много страстей, гневных страстей». Старец посмотрел на него, улыбнулся и сказал: «Это нормально, это все нормально». Тот ничего не понял и переспросил: «Почему же это нормально?». А старец ответил: «Потому, чтоб познать, что в твоем сердце много страстей, нужно, чтобы свет Божий посетил тебя и просветил, и ты осознал, что ты страстный человек. По примеру того, как в темную комнату попадает луч света, и мы видим все в этой комнате, даже летающую пыль. Подобное тому происходит и в сердце, когда оно просвещается светом Христовым!». Отец Иерофей был потрясен таким ответом, заключавшим в себе не осуждение, а оправдание чувствующего вину человека.

Отец Георгий Чистяков[61] писал о старце Софронии следующее: «Я вспоминаю, как рассказывали мне разные и самые неожиданные люди о своих встречах со старцем Софронием и с людьми из его окружения в Англии. Москвичи, жители Петербурга и других городов, в основном молодежь, попадая в Эссекс к старцу Софронию, уезжали оттуда и с джинсами, и со свитерами, и с пишущими машинками (компьютеров тогда не было), а потом и с компьютерами. И когда многие из них говорили потом: «Все-таки странно. Я думал, что они меня научат духовной жизни, а они меня завалили подарками. Я еле сумки дотащил из Шереметьева, когда вернулся от них из Англии». Я думаю, что вот этими подарками старец Софроний и его собратья показали, что есть духовная жизнь и что есть реальное монашество, которое учит не бегству от мира, не бегству от людей, а любви к людям и той заботе о каждом, вне которой нет Христианства».

Митрополит Иерофей (Влахос) вспоминал, что старец Софроний научил его «никогда ни обижать, ни делать другому больно в том, что тот считает для себя священным, никогда не попирать того, что для другого священно».

В начале 90-х гг. XX в. старец Софроний сокрушался, читая критику своих книг из стен Московской Духовной академии. «Они утверждают, что я мало говорю о покаянии, и поэтому есть сомнения в том, можно ли считать меня православным автором, – с грустью говорил о. Софроний. – Но покаяние – это только начало пути, нельзя говорить только о покаянии, надо обязательно говорить и о том, что дальше – о радости жизни с Богом, о свете Преображения».

Старец Софроний нередко повторял послушникам: «Самое главное – увидеть в человеке его боль. Фарисеи распяли Христа, потому что у них не было и следа милосердия, а была только огромная, тяжеленная и всесокрушаюшая буква».

Паломники, посещавшие старца Софрония, рассказывали, что услышав об их боли во время беседы, он неожиданно начинал плакать вместе с ними.

Однажды один европеец, путешествовавший по православным монастырям, спросил старца Софрония: «Почему вы весь день смеетесь?» и старец ответил: «Потому что мы всю ночь плачем...».

Старец Софроний учил своих учеников, что молитва должна быть не просто пробеганием глаз по тексту, но живым обращением к Господу, потому что дело, как всегда, не в правиле, дело – в сердце. По слову старца Софрония (Сахарова), «благодать входит только в ту душу, которая исстрадалась». Старец говорил: «Молитва действует медленно и благородно».

Отец Софроний был сторонником реформ в молитвенных правилах, и говорил своему ученику, старцу Серафиму (Баразделю)[62], что Требника миру уже недостаточно, и новые обстоятельства истории, развития людей требуют и новых молитв, тогда как в требнике все только об освящении урожаев и пчел…

СТАРЕЦ СЕРАФИМ (БАРАДЕЛЬ)

Когда 18-летний юный француз-католик Барадель приехал к православному старцу Епифанию в Грецию и попросил принять его в ученики, тот с радостью помог юноше. Но когда молодой послушник на следующий день попросил принять его в монахи, отец Епифаний посоветовал ему закончить учебу и только потом, если Бог управит, снова заговорить об этом. Так же отец Епифаний сказал юноше, что есть две традиции приема католиков в Православие – греческая и русская, через крещение или миропомазание. Старец предложил Серафиму самому выбирать, как он хочет войти в Православие, дав понять, что Бог примет любой его выбор. Старец не советовал Серафиму ехать в Россию, сказав, что сейчас там нет монастырей (дело было до перестройки). Тогда молодой человек решил направиться в русский православный монастырь имени праведного Иоанна Предтечи в Эссексе (Англия), где в те годы подвизался старец Софроний (Сахаров). Там молодой послушник нашел то, о чем мечтал, – церковное служение, благословленное преподобным Силуаном Афонским (духовником старца Софрония), который был его любимым святым.

Когда Серафим приехал в Эссекс, ему навстречу сразу вышел сам основатель обители, отец Софроний, показал ему монастырь и накормил ужином. Потом владыка сказал гостю: «Поживите у нас сколько хотите, мы вам даем полную свободу». Схиархимадрит Софроний не стремился навязать Серафиму монашество, а помогал ему созреть на его личном пути. Потом последовал месяц борений с помыслами, и Серафим решился спросить старца прямо: «Если бы Вам какой-то юноша сказал, что хочет поступить в монахи, что бы Вы ему ответили?». И получил ответ: «Я бы ему сказал – иди к старцу Софронию и он тебя поведет к спасению». И к Серафиму тотчас пришло спокойствие помыслов и внутреннее борение прекратилось. Монастырь был очень бедным – монахи и гости ели крапивный суп и картошку, хотя людей к старцу приезжало со всего мира очень много. Литургию служили 4 раза в неделю. Литургия, которую вел старец Софроний, длилась два с половиной часа. Серафим стал келейником отца Софрония. 20 лет послушания старцу перевернули жизнь французского духовного сына. Серафим затем переехал в Россию, принял российское гражданство, стал служить священником на подворье Валаамского монастыря в Санкт-Петербурге, а впоследствии был назначен настоятелем скита во имя Всех святых на Валааме.

«Люди, в частности монахи, страдают чувством одиночества. – говорит отец Серафим. – Когда нет с нами благодати, то порой нам очень одиноко. Но в такие моменты, да и всегда, нам надо помнить, что рядом с нами и очень близко, ближе даже, чем любой другой человек, стоит наш самый верный друг, самый нежный друг, самый благородный друг, самый прекрасный друг, самый таинственный друг – наш Ангел Хранитель. Который невидимым образом, но порой очень ощутимо ведет нас ко Христу, ко Свету Царствия Божия».

СТАРЕЦ ПОРФИРИЙ КАВСОКАЛИВИТ

Один из самых почитаемых греческих святых XX века. Биограф старца пишет: «У него было много духовных чад с высшим образованием, в том числе преподавателей университетов. Однажды один профессор, астроном с мировой известностью, посетил старца. Зашла у них беседа и об астрономии. Позже он говорил, что старец очень удивил его обширностью своих знаний в этой науке. «Он действительно знал то, о чем говорил, и ни в чем не допустил ошибки», – рассказывал пораженный профессор. В другой раз директор госпиталя, известный хирург, был не менее удивлен, когда старец ему подробно описал то, как следует делать определенную операцию».

Преподобный афонский старец Порфирий говорил, выражая глубочайший опыт святоотеческого восприятия мира: «Когда мы пустим внутрь себя Христа, тогда все вокруг становится раем».

Старец говорил: «Через Причащение мы отрываемся от обыденности», призывал «отдай Господу свое сердце, а все остальное Он Сам за тебя сделает», и уверял, что «Господь устраивает так, чтобы добрые люди ни в чем не имели нужды!».

Старец Порфирий Кавсокаливит как-то зашел в публичный дом на площади Омония в Афинах, и все работавшие там девушки выбежали встретить его, в своих традиционных для профессии нарядах. А святой благословил каждую из них крестом и сказал им всем: «Здесь обитают души ищущие...».

Отец Порфирий говорил: «Научись видеть и в грехе поиск, искренний поиск, красоту души, ищущей чего-то, и это «что-то» совершенно истинно». «Чтобы стать христианином, нужно иметь душу поэта, нужно стать поэтом. «Грубых» душ Христос не желает иметь рядом с Собой. Христианин, пусть лишь тогда, когда любит, является поэтом, пребывает в поэзии. Поэтические сердца глубоко проникаются любовью, закладывают ее внутрь сердца, обнимают ее и глубоко чувствуют. Пользуйтесь прекрасными мгновениями! Проснитесь утром, чтобы посмотреть, как солнце встает из моря… Радуйтесь всему. Все нас обогащает, все направляет нас к великой Любви, все нас приводит ко Христу <...> Съездите как-нибудь в Калисью, послушайте соловьев. Даже каменное сердце придет в умиление».

СТАРЕЦ ИОАНН (КРЕСТЬЯНКИН)

5 февраля – день памяти чудесного русского старца Иоанна (Крестьянкина). Людям часто кажется, что жизнь есть боль, а он открыл многим, что жизнь есть свет. «Я люблю радовать и радоваться», – говорил он своим духовным чадам. Ему словно от рождения было предопределено стать священником. Он был восьмым и последним ребёнком в семье орловских мещан, с детства слышал молитвы родителей, посещал храм и прислуживал там. В 6 лет был пономарём, затем иподиаконом. В 12 лет впервые высказал желание быть монахом – эта мечта исполнилась лишь через 44 года, а перед постригом в монашество он успел закончить школу, поработать бухгалтером, послужить в Москве и Подмосковье в священном сане и отсидеть в лагерях 5 лет. С 1967 г., когда старец был отправлен на служение в Псково-Печерский монастырь, и уже через год к нему за советом приезжали верующие со всего мира, почитая его за высокую духовность. В последние годы жизни батюшка из-за болезни уже не принимал посетителей, но отвечал на все письма и молился за всех, кто желал получить его духовную помощь. Его письменные ответы впоследствии легли в основу одной из самой популярных книг в современном Православии[63].

Мало кто в мире подобно старцам трудится над тем, чтобы люди искали не форму и правила, а встречу и общение с Богом. Старец Иоанн (Крестьянкин) так говорил об этом: «Все спасение наше – в Боге, но не в многочасовых правилах: то есть в живом, доверчивом отношении к живому Богу». Старец говорил: «Нет людей на одно лицо, и путей в жизни тьма, и к Богу пути различны. И хорошо, когда человек не действует по стереотипу. Он не сразу определится на стезю свою, но зато верно».

На один вопрос старец порой давал разные ответы, в зависимости от устроения, состояния и направления жизни человека. Вот, к примеру, письмо старца Иоанна духовной дочери: «Дорогая Н.! Не проклятие препятствует И. осуществить свою мечту, а Божия милость к ней. Да и нет на ней родительского проклятия, а вот то, что театр и, тем более, эстрада – место погибельное, это точно. И жалеет И. Господь. Пошла бы петь Богу, там получила бы спасение и радость жизни. А Вам нет благословения идти в монастырь, живите в миру, молитесь в церкви и дома, и милостью Божией будете жить во спасение. Вы ведь не знаете, чего просите ни для себя, ни для дочери. А Господь-то лучше знает, что вам во благо». И он же просил нескольких известных актрис в период их неофитства не покидать театр, чтобы там нести свет. Ведь плох не театр, плохой бывает людская жизнь, ложная направленность которой «портит» даже благие начинания. Актриса Любовь Стриженова[64] рассказывала подобную историю, как отец Иоанн благословил ее на «служение» в театре: «Я хотела уходить из театра давно, и старец меня не благословил. Он сказал, что можно и там служить Господу, и там люди должны быть верующие». А когда сын Любови Стриженовой подрос и захотел, как и мама, стать актером, она привезла его к старцу Иоанну, чтобы задать тот же вопрос: «Стоит ли идти по актерской стезе?». Старец подошел к юноше, прижался лбом к его лбу и стал проникновенно говорить: «Ты можешь заниматься этой профессией, но ты должен понять, для чего ты хочешь этого: для славы, для материального обеспечения или во славу Божию?».

Когда человек вырастает из правил и предписаний, он начинает желать свободы «любить Бога и делать, что хочешь». Но одновременно бояться взять на себя ответственность за свою жизнь. Однажды некий священник пришел к архимандриту Тихону (Шевкунову)[65] и сказал, что молитвы по молитвослову его больше не вдохновляют, потому что он хотел бы встречи с Богом, а не постоянного повторения правил. На это отец Тихон рассказал, что задавал подобный вопрос старцу Иоанну и получил такой ответ: «То, что я тебе скажу, пока другим не говори, но каждый раз, когда ты хочешь разговаривать с Богом по-своему, как желаешь, – обязательно делай это!».

К старцу Иоанну за советом и утешением с утра до вечера приходили сотни людей. Актриса Екатерина Васильева[66] вспоминала: «видя старца, ты видишь то, как человек был задуман Богом». Батюшка никогда не проходил мимо чужой боли. Был даже случай, когда ночью он пошел в туалет, и там его встретил паломник, дожидавшийся помощи, и стал просить ответить на вопросы. Конечно же, старец уделил ему столько времени, сколько было нужно, чтоб решить его проблему. Встречая старца, все прекрасно знали, что перед ними освященный и преображенный человек. Но если для людей, ищущих помощи, это знание было радостью, то, как вспоминает митрополит Тихон Шевкунов, в среде духовенства встречалось иное отношение: «Старца Иоанна преследовали архиереи и собратья». Известно, что в 50-х гг. XX в. старец пробыл в лагере пять лет за «антисоветскую агитацию», но на самом деле – за сильную веру и чистоту жизни. А посадили его по доносу священника, с которым тот вместе служил в московском Измайлове в храме Рождества. Старец потом говорил, что этот тюремный срок был промыслом Божиим. Но, конечно, вины с предателя это не снимает…

СТАРЕЦ АМФИЛОХИЙ (МАКРИС)

Преподобный Амфилохий (Макрис)[67] всю свою жизнь посвятил родной Греции и родному острову Патмос. Он родился в 1889 г., когда страна находилась под турецким игом. С того момента, как в 1906 г. он стал послушником монастыря святого Иоанна Богослова на Патмосе и был пострижен в рясофор, ему пришлось неоднократно сменить место служения в Греции. Но Господь все время возвращал его на родной Патмос, где старец впоследствии, пережив еще две оккупации (итальянскую и немецкую), смог основать женский монастырь Благовещения Богородицы. Позже он основал еще несколько духовных обителей в разных уголках Греции – на Калимносе, Крите, Эгине и Икарии.

Красота и истина проявляют себя, как нежность по отношению к людям. Недавно почивший епископ Константинопольской Православной Церкви англичанин Каллист (Уэр)[68] приводит такую историю об Амфилохии Патмосском (который был его духовником). На смертном одре старец «прощаясь с монахинями, которых окормлял, просил настоятельницу не быть слишком строгой с ними: «Они оставили все, чтоб прийти сюда, и они не должны быть несчастны». Вот еще несколько мудрых цитат старца Амфилохия:

«Через молитву ты освящаешь место, где живешь, и дело, которое делаешь. Часто причащайтесь, тепло молитесь, терпите – и увидите сильную Руку, Которая вас поддерживает».

«Зачастую образованные люди – самые глупые».

«Кто не любит деревья – не любит Христа».

«Я, чада мои, без вас не хочу и рая».

«Молитвою освящается то дело, которое делаешь. Молитвою устраивается все. Ты ходишь по морю, и для тебя не существует расстояний. Молитвою исправляются намерения людей, даются храбрость, вера и терпение в жизни».

Святой старец Амфилохий Патмосский говорил тем, кто отважился захотеть быть собой в обществе ложных людских отношений: «Будьте мужественны и отважны, да не впадете в напасть. Не придавайте значения миру. Мир и апостолов, и всех святых считал сумасшедшими: «и Меня гнали и вас будут гнать» (ср. Ин. 15.20)».

«Несите добрые слова вашим близким, поддерживая их, вы зарабатываете рай».

«Когда ты не ищешь себе оправданий, Господь просветит другого человека, чтобы он дал их тебе».

«Когда я вижу человека, очень жаждущего причаститься, я не придаю большого значения посту. Некоторые имеют покаяние такой силы, что нужно им сделать шаг навстречу».

«Умная молитва, – говорил он, – основа совершенства. Первая ступень духовного восхождения есть умная молитва. В начале молитвы ты ощущаешь большую радость, затем приходит сладость, и в конце, как плод, приходят слезы, потому что душа ощущает в себе присутствие Бога».

«Человеку, который живет без Христа, все кажется трудным и непонятным. Эгоистичный человек не привлекает никого. А если кто-то и приблизится к нему, то скоро отдалится. Духовная связь неразрывна – в ней и детский дух, и непорочность, и освящение. Мы должны быть благодатными людьми, чтобы те, кто к нам приближаются, отдыхали душой».

«С помощью молитвы душа утончается и парит. Вы ощущаете живое присутствие Христа в вас и вокруг вас. Через молитву ты освящаешь место, где живешь, и дело, которое делаешь. Пусть ваш взор будет прикован к небу, и ничто вас не смутит. Если вы упражняетесь в молитве, козни искусителя не станут беспокоить вас. Молитва ослабляет его силу, и он ничего не может нам сделать».

«Мало того, что в наше время ни у кого нет крепкого здоровья, так вы еще и не следите за собой? Мы видим примеры отцов, которые пребывали в посте и воздержании, но они всегда имели рассудительность и знали меру; особенно это касается молодых. Ведь когда у нас нет телесного здоровья, мы ни молиться не можем, ни исполнять наши обязанности! Я по себе много раз в этом убеждался».

Однажды кто-то из духовных чад старца Амфилохия Патмосского рассказал ему о трудностях в духовных вопросах. «Не беспокойся, – ответил он. – По молитве все придет. Только верь, что все, чего не можем сделать мы, люди, делает Бог. Помни об этом и всегда держи это в уме».

«Убийцу Бог прощает, ведь он в безумии совершает убийство, не владея собой. А эгоиста не прощает».

«Нужно совершенствовать прежде всего самих себя. Миру нужно увидеть людей, воплощающих закон Божий. А они так редко встречаются в наше время. Когда вы видите человека, который духовно устал, не нагружайте его никаким бременем, потому что его колени могут подломиться под тяжестью».

«Человеку, который не имеет Христа, все видится трудным и темным».

Святой Амфилохий Патмосский умер в 1970 г., за 11 лет до моего рождения. Но я сумел отыскать замечательных европейских священников и монахов, лично знавших старца. Для старца Амфилохия не существовало понятия «чужой» и «свой», но все, кого он знал, включались им в пространство его заботы. Он не делал различия в помощи, и для него всякий иной, не похожий на него не был, как выражался Паскаль[69], «живущим на другом берегу» чужаком, но был дитем Божьим, для которого старец был готов на все. Он сам так говорил об этом: «Я родился, чтобы любить. И мне неважно – это турки, или негры, или люди с белой кожей. В лице каждого я вижу образ Христа и ради Него готов принести в жертву все».

СТАРЕЦ КИРИЛЛ (ПАВЛОВ)[70]

Этот архимандрит Троице-Сергиевой лавры, ставший духовным отцом трех русских патриархов, является одним из самых почитаемых старцев Русской Православной Церкви рубежа XX и XXI в. Кирилл (в миру Иван) Павлов родился в 1919 в набожной крестьянской семье, но под влиянием брата-атеиста отошел от веры. Лишь через много лет – во время Великой Отечественной войны – он снова обратился к христианству.

В звании лейтенанта он прошел всю войну, командовал взводом в обороне Сталинграда, участвовал в боях возле озера Балатон в Венгрии и закончил войну в Австрии. Он вспоминал, что, неся караульную службу в разрушенном Сталинграде в апреле 1943 года, среди развалин дома нашёл Евангелие. Эта книга перевернула его миропонимание, и он решил стать священником. «Собрал я все листочки вместе – книга разбитая была, и оставалось то Евангелие со мною всё время. До этого такое смущение было: почему война? Почему воюем? Много непонятного было, потому что сплошной атеизм был в стране, ложь, правды не узнаешь… Я шёл с Евангелием и не боялся. Никогда. Такое было воодушевление! Просто Господь был со мною рядом, и я ничего не боялся».

По демобилизации он поступил в духовную семинарию, а затем – академию. Позже был пострижен в монахи и стал архимандритом в одном из крупнейших центров православия – Троице-Сергиевой лавре.

Глядя на старца Кирилла, общаясь с ним, видишь, что он никого не изображает, он естественен, он живой, в нем нет клерикализма, схоластики, тяжести, но в нем явно звучит жизнь, которую дает Дух причастным Ему. Старец любил цитировать и святых отцов, и классических поэтов, которые вмещались в его сердце как свидетели все той же красоты Духа.

Один мой знакомый священник несколько лет страдал от несправедливостей и обид со стороны некоторых людей. Когда ему показалось, что так дальше терпеть нельзя, он поехал к старцу Кириллу. Тот выслушал пришедшего и сказал в ответ всего три слова: «А ты смирись». И священник вышел от старца окрыленный, потому что впервые пережил Евангельскую заповедь не как поучение, но как двери в радость и красоту.

СТАРЕЦ СЕРГИЙ (ШЕВИЧ)

Читая о парижском старце Сергии (в миру Кирилле Шевиче), духовнике философов В. Н. Лосского (1903–1958) и Н. А. Бердяева (1874–1948), всегда замечаешь, как драгоценно в мире сердце, внимательное к другим людям. Старец умел сделать то, ради чего существует священство и искусство, – он умел открыть людям мир, как хороший и добрый, как лежащий в руке Господней. Жан Клод Ларше[71] вспоминает о нем: «Многие, часто известные, представители русской интеллигенции, порой тайно исповедовавшие Православие писатели, поэты, художники, философы, историки, кинематографисты и театральные режиссеры, находившиеся во Франции в эмиграции или по профессиональной необходимости, вплоть до начала его тяжелой болезни приезжали к нему побеседовать или поисповедоваться». Что они, эти философы и поэты, находили в старце Сергии? Они находили Бога, Которому было дело до их жизни, и Который, как оказывалось, всегда был рядом, даже когда люди были далеко от Него. И потому все они уходили от старца утешенными.

Семья русских аристократов Шевичей эмигрировала в Париж в 1923 г. Уже в те годы проявилась тяга молодого Кирилла к монашеской жизни. Он посещал все богослужения в местном храме и вечерами молился. Когда впоследствии он поделился мечтой о монашестве в переписке со святым Силуаном Афонским, то получил в ответ пророческое наставление и благословение: «Иди и изо всех сил взывай к людям: «Покайтесь!»». Постепенность возрастания в святом духе свойственна всем людям Божьим. Если в самом начале своей жизни во Франции будущий старец Сергий посещал кружок, куда ходили читать и слушать лекции самые известные деятели культуры Парижа и эмиграции, то когда он стал старцем, – весь этот цвет интеллигенции стал приходить к нему. И для того, чтобы согреться через него Богом, и потому, что старец давал им возможность взглянуть на культуру и творчество более мудрым «небесным» взглядом.

В 40–41 гг. XX в. будущий подвижник находился в немецких концентрационных лагерях. Вынести гнет заключения ему помогли только горячая вера и постоянная молитва. С момента рукоположения в диаконы храма Пресвятой Троицы в Ванве он прослужил там 42 года вплоть до своей кончины. И все эти годы ему удавалось поддерживать в храме удивительную атмосферу братской любви и единения. Вот несколько цитат старца:

«Великая тайна духовной жизни – действовать силой Божьей, а не собственными силами».

«Покаяние позволяет нам не только получить от Бога прощение наших прошлых грехов, но и воздвигнуть оружие против грехов настоящих и будущих».

«Ничего нельзя совершать без молитвы. Всякое дело, которое мы ведем с молитвой, приносит нам пользу, тогда как наша деятельность без молитвы бесплодна, даже если она кажется доброй».

Старец Сергий, принимая западных интеллигентов, учил их совсем иному, не рационалистическому восприятию веры. Ведь часто для западного человека вера – это принятие умом исторических фактов, говорящих о реальности Бога. А духовная традиция Православия говорит, что вера – это духовное состояние ощущения Бога и жизни. Потому и заповеди старец понимал, как данные Господом средства преображения и стяжания Духа. Ибо в ту меру, в которую мы стяжали благодать, мы и ощущаем Бога, то есть – веруем в Него. «Разум составляет лишь одну четверть способностей, и поэтому не должен занимать в духовной жизни места больше, чем ему положено». Поэтому простые люди зачастую преуспевают в духовной жизни больше, чем ученые.

СТАРЕЦ СЕРАФИМ (РОДИОНОВ)[72]

Он был всегда радостен и светел… Даже на смертном одре он попросил читать вместо канона на исход души Пасхальный канон... Он жил Пасхой… Основатель первого в Швейцарии православного монастыря, Свято-Троицкой обители, был, как и многие выходцы из дворянской среды, эмигрантом в Европе. Его путь не сразу был связан с монашеством. Когда в 1923 г. 18-летний юноша Владимир Родионов эмигрировал в Париж, он окунулся в мир искусства, где общался с такими ключевыми фигурами эпохи, как Дягилев и Стравинский. Но ум и сердце юного студента не увлекла яркая мишура, он хотел обрести истинный смысл жизни, и в 20 лет уехал на Афон, где познакомился с православным подвижником, преподобным Силуаном Афонским. Твердо выбрав на Святой горе монашеский путь, он поступил в Богословский институт в Париже, а впоследствии был рукоположен в дьякона и принял монашеский постриг с именем Серафим. В годы Второй Мировой войны он служил во французской армии солдатом медицинской службы, где заболел туберкулезом. Необходимость лечения привела его в Швейцарию и определила его судьбу – он остался там до конца своей жизни. 45 лет он был настоятелем храма Воскресения Христова в Цюрихе, стал архимандритом, епископом Цюрихским и самым известным и почитаемым православным пастырем Швейцарии.

Рассказ монаха Силуана о старце Серафиме (Родионове)

Инок Силуан – немец из швейцарского православного монастыря Домпьер, основанного старцем епископом Серафимом (Родионовым), учеником святого Силуана Афонского. Он вспоминал о старце Серафиме так: «В православие меня привел преподобный Силуан Афонский. Я искал свой путь, и в одном католическом монастыре я прочел книгу о нем. Это было шоком, словно пелена упала с глаз, как у апостола Павла. Я понял: все, теперь я православный. Когда я вернулся в Мюнхен, то стал искать православную церковь. Мне было 20 лет. Я знал, что я православный, но не знал о Православии ничего. Я поискал в телефонной книге и нашел русскую православную церковь. Так я пришел туда. Мне очень хотелось найти кого-нибудь, кто знал преподобного Силуана. Ведь он умер в 1938 г., и я подсчитал, что этому «кому-то» должно быть уже за 80 лет. И вот однажды в Мюнхене я познакомился с одной прихожанкой из цюрихского прихода. Когда мы ехали в поезде в Цюрих, я поделился с ней: «Как было бы хорошо познакомиться с кем-нибудь, кто знал старца Силуана!» – «Это очень просто: духовный отец моего мужа – владыка Серафим, который был духовным сыном преподобного Силуана, ему 92 года». Я чуть не упал в обморок: ведь я был уверен, что надо ехать в Россию или еще куда-нибудь, но вот я нахожусь в швейцарском поезде, и мне говорят, что такой человек живет в Швейцарии! Я должен был с ним немедленно познакомиться. Но это ожидание продлилось два месяца. И вот, я приехал сюда и познакомился с владыкой. Это было так забавно!

– Откуда вы приехали? – спросил владыка.

– Из Мюнхена.

– Из Мюнхена? Но это так далеко. И зачем же?

– Чтобы познакомиться с Вами.

– Чтобы познакомиться со мной?! Сюда приехали?

– Я слышал, что Вы были духовным сыном старца Силуана. – я чуть не плакал. – Вы ведь его знали?

– А Вы, тоже?...

Но это было бы невозможно, я, разумеется, был слишком молод. Он привел меня в Православие. Это было самое главное, что я сказал. Владыка тут же оживился, спросил, не голоден ли я и прочие самые обыкновенные вещи. И вдруг он посмотрел на меня как-то просто и глубоко и спросил: «Знаете ли Вы любовь Христову (Liebe Christi)»? Я был изумлен. Уже пять лет я был в Православии, и до сих пор меня еще никто не спрашивал о любви Христовой, а только – знаю ли правила поста, среда-пятница, когда можно есть мясо, а когда растительную пищу с маслом или без масла, вечернее правило, утреннее правило… Но никто не спрашивал, знаю ли я любовь Христову. Это был самый простой вопрос на свете. Я поколебался и сказал:

– Да, раза два в жизни я ее чувствовал.

– Это очень хорошо, но мы должны всегда, всегда иметь любовь Христову, а не только два раза! Без этого же невозможно жить. Ошибаетесь Вы или нет – это все равно, но надо искать любовь Христову. Вы слишком строги. Слишком много поститесь, слишком много молитесь.

Это было невероятно: епископ говорит, что я пощусь и молюсь слишком много!...

– Вы все усложняете. Когда я стал монахом, то спал на полу, ничего не ел, и даже однажды чуть не умер (во время войны Владыка перенес тяжелый туберкулез). Я делал все – и Бога там не было. И когда я все это оставил, Господь пришел. Ведь это же не зависит от наших усилий. Он приходит тогда, когда хочет, и потому что Он нас любит, а не по какой-то другой причине!

Такого я еще никогда не слышал. Я был как на небесах. Я не замечал пути из Мюнхена: утром сюда, вечером – назад. Это тысяча километров туда и обратно. Я чувствовал, что здесь – благодать, Дух Святой, радость, и все было так просто. Конечно, владыка не был против постов, но он говорил, что очень опасно только лишь следовать правилам и при этом забывать о любви Христовой. Любовь включает в себя все – вспомним притчу о мытаре и фарисее. Меня учили быть фарисеем и мытарем одновременно: все выполнять, как фарисей, и быть смиренным, как мытарь. Но владыка говорил: «Это все слишком сложно. Ищите только Господа». Через две недели я снова сюда приехал. Это было похоже на заправочную станцию – заправляешься в Домпьере, потом живешь, потом – снова на заправку. Я освобождал один день: утром прилетал сюда, проводил здесь три или четыре часа и снова мчался обратно, а на другой день снова шел на работу. И каждый раз – как на небесах. Когда я был здесь во второй раз, я спросил владыку:

– Владыка, как мне молиться, какому молитвенному правилу следовать?

Он говорит: – Что такое молитва?

Владыка был почти глухой, и я подумал, что он не расслышал.

– Нет, Владыка, я спрашиваю: как мне молиться? (Wie soll ich beten?).

– Что такое молитва? (Was ist Gebet?)

«Не слышит», – думаю я. И снова переспрашиваю, совсем громко.

– Как, как мне молиться?

– Да, да, я понял! Что такое молитва?

– Что такое молитва? Хм… Это значит – молиться…

– Да, да, но что такое молитва?

– Молитвенное правило… Нет, не знаю, скажите.

И он сказал так просто: «Молитва – это значит всегда быть с Богом, всегда! Так просто!».

Я хотел получить молитвенное правило, а получил – «всегда быть с Богом». И самое волнующее, это то, что все вот эти слова – «любовь Христова», «всегда быть с Богом» – для него не были отвлеченной теорией. Когда владыка говорил, то это просто чувствовалось – да, он всегда с Богом, всегда – в любви. Это было живое свидетельство Бога».

СТАРЕЦ ВИТАЛИЙ (СИДОРЕНКО)

1 декабря – день памяти замечательного старца Виталия (Сидоренко), умершего в 1992 г. Мне довелось лично общаться с людьми, знавшими старца, и все они свидетельствуют о его необыкновенно нежном и трогательном отношении к окружающим. Старцу Виталию бывало так больно от людской клеветы, людских нападок и искушений, что он говорил иногда: «На моем месте никто из вас не смог бы и часа одного прожить». Также он говорил: «Бывает, и хочешь помочь человеку, и знаешь, что ему нужно сказать, но и понимаешь, что он никаких твоих

слов не примет и будет так же страдать от своей темноты и непонимания, хотя выход возможен и существует».

Отец Виталий родился в Краснодарском крае в 1928 г. Его детство было тяжелым: мальчик рос без отца и часто голодал. Его поддерживали только горячая вера в Бога и посещение храма. В 20 лет юноша стал послушником в Глинской пустыни (Сумской области), откуда вместе с другими монахами попал на Кавказ. С того момента большую часть своей жизни он прожил в Тбилиси, где стал известен как прозорливый молитвенник и духоносный целитель. Даже сейчас, много лет спустя после кончины, на его могиле близ храма святого Александра Невского в Тбилиси всегда много прихожан. По молитвам старцу здесь продолжают совершаться чудеса.

В жизнеописании старца Виталия есть интересные фрагменты: «Среди учеников и учителей своей школы Виталий без боязни продолжал свидетельствовать о Боге, искренне желая, чтобы все были просвещены светом Христовой веры. Молчать или тем более лукавить, скрывая свои убеждения, он не мог. В 7-м классе, когда его вызвали читать стихотворение Некрасова «Железная дорога», он прочитал так: «В мире есть царь, этот царь беспощаден, Сталин – названье ему!». Терпение учителей лопнуло. Зная, что никакие наказания на него не подействуют, они побоялись держать такого ученика в школе. Помимо презрительного ярлыка – «верующий», на него повесили еще один – «политический», и выгнали из школы». Еще один эпизод из жизни старца Виталия: «В 16 лет он подвизался в Таганроге, где в то время жил слепой старец отец Алексий, пострадавший от немцев во время войны. Не видя очами телесными, он получил от Бога дар видения духовного, и многое для него было открыто. Виталию он сказал: «Выбирай – или служить в армии (но потом уже таким, как сейчас, никогда, не будешь) или странничать». И Виталий выбрал второе: с конца 50-х годов он странствовал по святым местам. Скитаясь, отец Виталий всегда ходил в подряснике и с дорожным посохом. Часто его арестовывали, увозили в милицию, избивали, но каждый раз по воле Божией ему удавалось избежать тюремного заключения. Иногда, скрываясь от преследования милиции, он ночевал, зарывшись в сугроб. В 1954 г. тяжелобольного подвижника положили в больницу с диагнозом туберкулез, но отец Виталий выжил и выздоровел. Господь хранил своего избранника.

Старец писал своему духовному сыну: «Помни главное. 1: Считай каждый день последним твоей жизни и проводи его в страхе Божьем и сокрушении сердечном. Сокращай суету, избегай празднословия. Памятуй о Боге и взывай к Нему с покаянием. 2: Не суди и не осуждай никого, иначе себя осудишь. <...>. 3: Знай Бога, храни Его заповеди, слушай духовного отца; от ближних в свою душу принимай только доброе».

СТАРЕЦ ГАВРИИЛ КАРЕЙСКИЙ[73]

Старец Гавриил – это один из самых известных современных афонских старцев. Вот уже много лет он подвизается в келье Святого Христодула близ столицы Афона – города Кареи. Из-за продолжительной болезни отец Гавриил вынужден находиться в лежачем положении, но даже это не препятствует ему ежедневно принимать сотни паломников, пролетающих к нему на исповедь со всего мира.

Советы старца о нестяжании: «Саваны не имеют карманов. Я потерял все, кроме того, что отдал. Ничто не мое, если это только для меня».

«Открытая рука однорукого гораздо лучше, чем две руки скряги».

«Хочешь, чтобы ты и я обеднели – богатей. Хочешь изобилия – растрачивай. Хочешь стать нищим – собирай. Хочешь умереть от голода – закрой свои глаза и уши от человеческой боли и человеческих страданий».

«Радость глазам, которые плачут о том, кто болеет, потому что эти глаза будут видеть блаженство рая. Радость рукам, которые одевают маленьких детей и детей-сирот, потому что эти руки станут крыльями и будут летать высоко. Счастье устам, которые говорят утешительные слова, потому что они будут петь с ангелами «Осанна». Радость в доме, который открывает дверь прохожему, потому что он открывает двери для Богородицы и Христа».

«Мы родились и существуем на планете Земля, чтобы прославлять Бога и дарить любовь и радость другим. Самое большое удовольствие в жизни, которое мы знаем и чувствуем – это делиться радостью. Бедность и богатство не в наших домах, но в наших сердцах. Богат не тот, у кого много, а тот, кому много не надо. Беден не тот, кто не имеет ничего, но кто хочет много».

СТАРЕЦ ФИЛАРЕТ (БОСОЙ) КАРУЛЬСКИЙ[74]

Это один из легендарных отшельников Карули (Карулии) – общежительного скита на высокой скале в 6 км от Великой Лавры Афона. Старец в миру получил хорошее образование и имел возможность построить блестящую карьеру, но он выбрал монашество. Несколько лет он был одним из начальников монастыря Ставроникита, но по зову Господа решил стать отшельником и ушёл в одно из самых суровых мест Святой Афонской Горы – на Карули. Там он поселился в пещере с крохотной каливой (или кельей) и церковкой, длиной в два метра, низко в скалах у воды. Убранство пещеры было очень простым – каменный алтарь и одна старая икона. В этой пещере старец прожил несколько десятилетий. Ложем ему служили ветви, а капающую воду он собирал в ямку и пил. Чтобы искупить свои грехи страданием, старец Филарет никогда не носил обуви... Даже зимой на обледенелых скалах Карули он скользил босиком. Совершенно босой на ледяных скалах! Его не могли заставить надеть даже тапочки… За это монахи стали называть его Филарет Босой.

Старец Филарет так учил молитве: «Молитва не утомляет, она снимает усталость. Что ощущает ребенок в материнских объятиях? Мы не можем этого даже понять, став взрослыми. Только отдаленное воспоминание остается у нас на всю жизнь... А как же нам это понять? Остается одно – стать ребенком! Тогда только ты почувствуешь присутствие Бога, когда будешь ощущать себя малым ребенком. Если кто-нибудь услышит со стороны, как молятся такие люди, то скажут, что они как малые дети. Если кто увидит совершаемые ими при этом движения, то скажет, что они спятили. Потому что они, как маленький ребенок, который бежит, хватает отца за полу и просит: «Не знаю как, но ты должен сделать то, о чём я прошу».

СТАРЕЦ НАЗАРИЙ (ТЕРЗИЕВ)[75]

Назарий (Терзиев) – знаменитый болгарский старец XX века. Когда люди приходили к вере через него и восхищенно говорили, что все люди Церкви так милосердны и высоки, он посылал их в разные монастыри и храмы Болгарии. Люди в ужасе возвращались и говорили: «Нас там оскорбили! Нам нахамили! Нас облаяли!». Старец специально поступал так, чтобы люди столкнулись с банальностью зла даже в Православии и посмотрели на все это духовным взглядом. Такова мудрость Бога – чтобы люди смотрели на зло и уродство через благодать. Румынский журналист В. Пейков рассказывал[76], что знаменитый болгарский подвижник очень не любил тяжелых богословских разглагольствований. Однажды к нему пришла некая дама, философ, с вопросом:

– Что вы думаете об исихазме?

– Что это такое? Мы не понимаем таких вещей! Тут простые монахи! – быстро отреагировал старец.

После ее ухода один из братьев удивленно спросил его:

– Батюшка, а разве мы не Иисусову молитву исихастов повторяем?

– Так, так, милый! Молись так и как можно чаще. Во время работы, занятий спортом... Всегда и по любому поводу».

Сразу после падения коммунистического режима в Болгарии заговорили о каком-то монахе, мученически погибшем при коммунистах.

– Батюшка, некоторые говорят, что его надо бы канонизировать...

Неожиданно старец Назарий ответил:

– Он заслужил свою смерть.

Все были удивлены, но потом оказалось, что этот монах погиб по политическим, а не церковным мотивам.

До монашеского пострига болгарского старца Назария (Терзиева) звали Николаем. Как-то, работая на заводе коммунистической Болгарии, он обнаружил, что сломалась главная машина, которую он обслуживал. Николай очень переживал, боялся что работников, его в том числе, заставят платить за ремонт. В волнении поехал посоветоваться во Врачанский монастырь, рассказал матушке Кассиане о случившемся, и та его успокоила: «Не волнуйся. Если потребуется, корову продадим и заплатим». (Николая потрясло такое внимательное отношение матушки к незнакомому человеку, и оно частично определило его выбор стать монахом: чтоб стать настоящим христианином).

Старец Назарий был искусным поваром. Он говорил: «Нельзя давать людям пресную пищу». И ведь еще в ирландских средневековых монашеских уставах говорилось, что в обители обязательно должен быть приветливый повар.

В период болгарского церковного раскола (1992 г.) ученики старца Назария спрашивали его, можно ли ходить в храм, захваченный раскольниками, и старец ответил, повторяя слова тетки одного из братьев, которая собралась она на службу в храм, где служил раскольник патриарх Пимен.

– Тетя! Куда ты собралась? Там же Пимен! – пытался остановить ее племянник.

– Не, я к святому Клименту иду, – ответила, не расслышав имя раскольника, тетя. – Я в церковь иду!

Старец Назарий говорил: «Будьте смиренны, но не овцедушны». Отвага – добродетель, если она не направлена во вред другим людям. И как тяжело общаться с трусливым священником, который начальства боится больше, чем Бога.

СВЯЩЕННИК СИМЕОН КОБЗАРЬ[77]

Продолжая поиски праведников XX и XXI вв., я отыскал людей, знавших интересного священника, – Симеона Кобзаря. Отец Симеон в сталинские годы был осужден за православную веру и брошен на 10 лет в лагерь. Пока он отбывал несправедливый срок, его супруга переехала в город Донецк. Священник приехал к ней после освобождения и стал служить в храме Вознесения Господня, который существует и сейчас. Конечно, заключение сказалось на его здоровье. Но он захотел оставшиеся годы посвятить людям. И принял решение никогда не закрывать дверь своего дома, чтоб нуждающиеся могли прийти к нему и ночью, и днем. За несколько месяцев до смерти у него случился инсульт, но он до конца хотел быть полезным людям и, чтоб его взрослая дочь имела возможность отдохнуть, просил класть внучку себе на грудь. Трехмесячная внучка забавлялась с дедушкиной бородой и радовалась, а мама получала важную для всех мам передышку.

Когда его сын тяжело заболел, отец Симеон всю ночь молился о нем, и вопреки прогнозам врачей сын пошел на поправку. Священник приехал забрать выздоровевшего сына из больницы, а потрясенный лечащий врач, один из лучших специалистов в городе, сказал ему об этом исцелении:

– Теперь я поверил в Бога…

СТАРЕЦ ФАДДЕЙ СЕРБСКИЙ (ВИТОВНИЦКИЙ) ШТРБУЛОВИЧ

Фаддей Витовницкий – самый известный современный сербский святой. Рано потеряв мать и оставшись на попечении сначала первой, а потом второй мачехи, мальчик рос в нищете и неустроенности. Часто, защищаясь от боли и грубости окружения, он убегал из дома «с коркой хлеба в кармане». Тяжелые душевные травмы, полученные в детстве, оставили глубокий след в его душе. И даже будучи старцем, он часто испытывал тревоги и печали, о чем признавался в своих беседах с духовными чадами. Он сам находил рецепты, чтобы утолить душевную боль. Так, по словам старца, ему помогали занятия музыкой. Он уходил в поле за монастырь, где играл на гармонике.

Но истинным спасением для ранимой и восприимчивой души Фаддея Витовницкого стала благодать Господня. Старец открыл для себя, что благодать находится с нами, пока мы молимся. И отступает, когда человек начинает тревожиться о чем угодно житейском. Молитвой мы понуждаем себя доверять Богу любую ситуацию, и Он эту ситуацию управляет каждый день много раз, что мы увидим сами, если отважимся на доверие и молитву. Старец Фаддей пишет: «Раньше думал, что если святые получают благодать, то она навсегда остается с ними, а потом узнал, что все святые теряли благодать и возвращали ее. Если человека не тревожат никакие борения, помыслы, ни сложные печали и переживания, то это ложный мир. И наоборот, если человек постоянно мучим борениями, помыслами и тому подобными искушениями, то это значит, что он не находится во власти врага».

«Я с детства понимал, что существует служение: родители служат детям, дети служат родителям; и тогда мне пришла мысль, что если один служит другому, то и я хочу служить – Богу, потому что Он над всем. Вот так призвал меня Господь с малых лет».

«Какие у нас мысли, такова и наша жизнь. Если наши мысли спокойны, тихи, благородны и кротки, такой же будет и наша жизнь. Но когда мы мысленно обращаемся к окружающим нас обстоятельствам, входим в этот круг размышлений, – нет нам ни покоя, ни мира».

«Причина болезней в мысленном падении. Болезнь – от мысли. Обычно всем нам приходят и хорошие, и плохие мысли <...> Дух питается мыслями, как тело – телесной пищей».

«Я был настоятелем 50 лет. Какие только страдания и беды не посещали меня в течение этих лет! Восемь раз я подавал прошение об освобождении меня от этой должности <...> Но Господь то разрешал меня, то снова назначал <на должность настоятеля монастыря>».

«Пока мы не смиримся, Бог не перестанет нас смирять».

«Когда вокруг нет людей, чтобы утешить нас, тогда Господь приходит через книгу, и радует душу».

СТАРЕЦ ИОИЛЬ (ЯННАКОПУЛОС)

Греческий святой начала XX века. Митрополит Мелетий пишет о детстве греческого старца Иоиля следующее: «Будущий старец Иоиль родился в 1901 г. в небольшом селении Мафия (бывшая Драга) в Мессинии, близ Петалиди. Мирское его имя Фотий, или Фотис. Родители мальчика, Николай и Анастасия Яннакопулос, были простые крестьяне, бедные материально, но богатые душой, имевшие простую веру, глубокое благочестие и послушание слову Божию без рассуждения. У них родилось четверо сыновей и пять дочерей. Вскоре, однако, они покинули деревню и поселились в Каламате. Там же, в Каламате, Фотис окончил начальную и среднюю школу. Впоследствии отец Иоиль рассказывал, что в начальной школе он очень отставал от сверстников. Был он крайне непонятлив и с трудом запоминал уроки. Это особенно проявлялось в его замедленной речи, почему и возникало впечатление, что он «ничего не соображает». Учителя считали его безнадежным, а одноклассники – умственно неполноценным, так и называли между собой презрительно: «Фотис-дурачок». Фотис же дурачком вовсе не был: при сильно затрудненной речи и отсутствии свойственной детям цепкой памяти думал и рассуждал он правильно. Глубоко опечаленный паренек силился понять, почему другие дети получают высокие баллы и постоянные похвалы, а его преследуют неудачи? «Почему? В самом деле, почему?». Он напряженно искал ответ и, наконец, нашел! Оказалось, что ученики в большинстве своем через день-два еле помнили урок, за который получили «отлично». Он же, запоминая гораздо больше, усваивал и самую суть. Фотису стало ясно, что одноклассники просто брали из учебника материал, лежащий на поверхности, и тем самым зарабатывали высокий балл. При этом они сплошь и рядом упускали из виду то зерно смысла, от понимания которого и зависит настоящее знание. После такого вывода «дурачок» проникся презрением к внешнему успеху, достигнув того, к чему многие мудрецы приходят лишь в зрелом возрасте. Глубокое осмысление, изучение и усвоение предмета неизмеримо важнее внешнего впечатления, какое ты произведешь. Если же правильно употребишь свои способности, пусть самые малые и ограниченные, то непременно вырастешь над собой, всесторонне вразумишься и достигнешь, в конце концов, совершенного самопознания, а значит, узнаешь, кто ты на самом деле. Не правда ли, необыкновенно мудрое умозаключение для ребенка девяти-десяти лет?».

Митрополит Никопольский и Превезский Мелетий (Каламарос; 1933–2012) вспоминает об известном греческом архимандрите Иоиле, что тот, будучи призванным на воинскую службу, проходившую в Малой Азии, в условиях реальной опасности и военных столкновений «никогда не пел ни военных, ни народных песен, а когда рассерженные офицеры требовали объяснений, отвечал: «Голос нужен мне лишь затем, чтобы петь Господу и возвещать славу Его».

«Вера есть безусловный опыт. Ибо Бог – не просто некое существо, но Сущий. Бог – величина более безусловная, чем единица для математики, – говорил отец Иоиль. В отношении Него недопустимы ни витание в воздухе, ни пустая болтовня. Нужно и мыслить, и говорить разумно! Возноситься в молитве, но и твердо ходить по земле! Если же будем только летать, нас унесет ветром

– и нас самих, и все доводы наши!». Жизнь нельзя опровергнуть. Бог кажется нереальным тем, кто живет далеко от Него. Познание знающих Бога, как и всякое познание, происходит от бытия».

Отец Иоиль часто говорил послушникам: «Я напишу книгу о Паскале». Старец уделял много внимания сочинениям философов Паскаля и Кьеркегора, говоря, что его невероятно увлекает духовно-апологетическое начало у первого и отношение к страданию у второго. А вот прессу старец никогда не брал в руки, считая пристрастие к легкому чтиву духовным алкоголизмом. Чтоб расширить кругозор, он «изучал наиболее авторитетные труды по главным разделам знания. Подобные труды он штудировал сотнями и так прилежно, будто всякий раз готовился к экзаменам. Результатом этих занятий стала широчайшая эрудиция во многих научных областях». Старец советовал людям: «Не клюйте помаленьку-понемножку, словно куры! Не позволяйте себе тратить время на газеты, журналы и пустые книжонки. Изучайте только самое главное и как можно тщательнее!»

СВЯТОЙ ИУСТИН СЕРБСКИЙ (ПОПОВИЧ)

Преподобный Иустин Сербский (Попович)[78], пламенный защитник православной веры в XX в., день памяти которого отмечается 7 апреля. Все, кто искал Христа, всегда спешили к этому человеку Духа. Потому что он, провожая уезжающих, не уходил в дом, пока повозка или машина не скрывались из виду, а стоял на дороге и благословлял. Таким было его отношение к людям. «Он не уйдет, пока мы видны!» – сказал однажды об отце Иустине один уезжавший человек другому…

Иустин Сербский (Попович) был родом из семьи священнослужителей и с детства воспитывался в православной вере. Как священник, чью страну в 1945 г. оккупировала коммунистическая власть, он претерпел множество скорбей: был лишен возможности издавать православный журнал «Христианская жизнь», изгнан из богословского университета, арестован и заключен в тюрьму. Милостью Божией избежав смертного приговора, преподобный Иустин много лет скитался и наконец нашел приют в маленьком монастыре архангела Михаила в Челие, где и провел остаток своих дней. Туда к святому исповеднику за советом приезжали паломники со всего земного шара.

Несмотря на то, что преподобный Иустин сам издавал христианский журнал, к газетам с политическими новостями он относился очень негативно: «С тех пор как у нас газеты, то есть чтение газет стали утренней молитвой современного человека, современный человек стремительно дегенерирует в недочеловека, первый предок и последний потомок которого не-человек». И что приносят новости, кроме чувства ложной осведомленности и опустошения души? А там, где Бог, там мир сходит в душу человека».

Вот что пишет о святом Иустине Сербском иеромонах (впоследствии епископ Захумско-Герцеговский Сербской Православной Церкви) епископ Афанасий (Евтич; 1938–2021)[79]: «С детства любитель правды, а тем более сейчас, будучи монахом-подвижником и святоотечески просвещенным богословом, он по любви к истине и правде, подобно любезным ему святителям, особенно св. Иоанну Златоусту или святым студийским монахам, откровенно высказывал свои мнения, а иногда и критические суждения о событиях церковной жизни и поступках отдельных церковных личностей или властей. Ставя и оценивая горячие вопросы церковной жизни, иеромонах Иустин, редактор журнала «Христианская жизнь», не только «критиковал», как некоторые тогда и впоследствии злонамеренно говорили. Была, разумеется, и критика, но в основном это была положительная православная оценка или же переоценка событий и времени, в которое он жил и работал; это были братские и сыновние предупреждения и мольбы, была поддержка и благодарность, где это требовалось, были и вдохновенные пророческие прозрения, но главное – осуждение современного экуменизма (то есть всехристианского единства). Подвижник называл экуменизм «общим названием всех видов лжехристианства и всех лжецерквей Западной Европы».

Между тем некоторым служителям Церкви, включая и высокопоставленных, деятельность отца Иустина не нравилась. Надо было обладать духовным мужеством и подвижническим самоотвержением, чтобы взять на себя бремя указывать людям на истину и напоминать о ней, вскрывать любую неистину и неправду. Раздались реплики недовольства в адрес «Христианской жизни» и ее сотрудников, т. е. в основном в адрес отца Иустина. Отец Иустин сам сознавал и чувствовал, что вокруг него происходит, но от своей любви к истине и правде в служении Церкви Христовой не отступал никогда в жизни.

Из-за своей честной и откровенной позиции отец Иустин имел неприятности еще тогда, когда заботился о материальном и духовном благосостоянии и росте своих учеников в семинарии. Однажды даже известные архиереи, почувствовавшие себя задетыми в статьях иеромонаха Иустина, хотели его вывести на суд Священного Синода. От суда освободил его Святейший Патриарх Сербский Димитрий, ответив архипастырям, что все написанное отцом Иустином есть сущая истина. Судьба всех добродетельных и ревностных в деле Божием людей – это часто противостояние с окружающими, которое приводит к гонениям на подвижника… Так случилось и с отцом Иустином. Летом 1927 г. он формально был лишь «перемещен», на самом деле, изгнан в город Призрен в Косово и Метохию, а затем в Битолу (территория современной Северной Македонии). За этим «перемещением» стояло ясное намерение изгнавших отца Иустина прекратить деятельность журнала «Христианская жизнь», что действительно и было достигнуто, поскольку в Призрене отсутствовали условия для его издания. В статье, написанной по этому поводу, отец Иустин не печалится и не сожалеет о собственном гонении и страданиях: «Чем больше страданий ополчаются против веры моей, тем глубже она зарывается в мое сердце. Для христианина страдания – это очищение, весна для души, освежение, омоложение… В борьбе за Православие я святоотеческим путём прямо следовал православной Истине Христовой и никогда не угождал людям, ибо если бы я еще и людям угождал, то не был бы и самым последним рабом Христовым».

СТАРЕЦ ТАВРИОН (БАТОЗСКИЙ)[80]

Настоятель древнейших славянских духовных обителей – Глинского и Почаевского монастыря, – а впоследствии духовник Спасо-Преображенской пустыни в Латвии, старец архимандрит Таврион (Батозский) считается одним из самых ярких православных подвижников в странах Балтии. 12 лет жизни он провел в лагерях – так он пострадал за свою горячую веру, будучи дважды осужденным «за активную религиозную деятельность». Он был пламенным проповедником. В летние месяцы к старцу в Спасо-Преображенскую пустынь под Елгавой приезжали ежедневно 150-200 человек. И это происходило в безбожные 70-е годы советской власти. По воспоминаниям одной из его духовных чад: «такая великая любовь была у старца к людям, что он стремился каждого накормить, утешить, исцелить». Старец Таврион говорил: «Учите прежде всего тех, кто может других научить». Старец Таврион, как сказано в его жизнеописаниях, «был непримиримым обличителем формализма».

История из жизни старца.

Одна паломница сказала Тавриону на исповеди:

– Пирожок съела, батюшка…

Старец тотчас прервал ее:

– Ты что, в пирожках каяться пришла или в грехах???

Старец Таврион говорил, что верующему человеку необходимо быть образованным. По мысли старца, христианин всегда должен быть свидетелем о Христе, и свидетельство будет успешным и полноценным, если оно соответствует интеллектуальному и культурному уровню современного образованного человека. В жизни Церкви, как и в жизни каждого ее члена, не должно быть остановки – постоянное развитие, движение вперед. Батюшка предостерегал от опасности закостенения во внешних формах. «Мы живем не в XVI–XVII веках», – говорил он.

Архимандрит Виктор (Мамонтов; 1838–2016) так писал о старце Таврионе (Батозском)[81]: «Отец Таврион, как верный христианин, много и славно потрудился, чтобы вывести нашу Церковь из того духовного тупика, в который она вошла. Он учил приходивших к нему из пустыни жизни и простых, и ученых людей жить церковно, т. е. в Духе и свободе, творчески. Не должно быть никаких «винтиков», все люди должны быть личностями, ибо всем дан великий дар – образ Божий. Искажать его – значит отказываться от жизни с Богом, а без Бога – жизни нет».

Священник Владимир Вильгерт так вспоминает о старце Таврионе Батозском: «Отец Таврион имел большую фонотеку. Это были Бах, Бетховен, Гайдн, Моцарт и др. На слушание какой-нибудь мессы приглашались и близкие духовные чада. Другой раз музыка звучала фоном, а батюшка занимался текущими делами, в первую очередь обширной перепиской».

Старец Таврион, ведя службу в храме, читал Евангелие по-церковнославянски, а потом, чтобы пришедшие поняли прочитанное, перечитывал тот же отрывок по-русски и произносил внятное толкование фрагмента, чтобы каждый смог разобраться в услышанном. А после литургии он никогда не служил молебнов.

СТАРЕЦ САВВА (ОСТАПЕНКО)

Схиигумен и известный старец Псково-Печерского монастыря. Отец Савва родился в 1898 году в верующей семье на Кубани и с детства прислуживал в храме, но призыв Господа к служению явственно ощутил лишь в 8 лет после сильного потрясения. Однажды зимой, едва не утонув в проруби, он сильно простудился и заболел. Во время болезни ощутил желание быть священником. Правда, служить в священном чине он смог только на более позднем этапе в жизни, после того как в возрасте 48 лет успешно сдал экзамены в Духовную семинарию при Троице-Сергиевой Лавре и принял монашеский сан. До этого он многие годы работал военным техником и инженером-строителем. Годы жизни «в миру» и опыт работы на предприятиях советской страны не помешали ему стать поистине духоносным праведником. Ведь всё своё свободное время тогда он проводил в молитве, за чтением Священного писания и в храме.

Число желающих исповедоваться у отца Саввы быстро росло, многие верующие получали по молитвам старца Саввы исцеление. Слухи о прозорливом старце распространялись молниеносно, и уже вскоре маленький храм, где служил старец, не мог вместить всех богомольцев. Этот удивительный наставник помог множеству людей, но мало кто знает, что свое служение он совершал в атмосфере постоянной травли со стороны настоятеля своего монастыря, наместника Гавриила (впоследствии произведенного в епископы). Этот о. Гавриил преследовал старца и буквально не давал ему проходу, но когда старец Савва был при смерти, настоятель испугался, что угнетал святого, и прибежал к нему просить прощения. Эти извинения старец спокойно принял.

Монахиня, знавшая старца Савву, рассказывала: «Както мы с сестрами поехали в лес на лошади. Поработали, сели покушать, а лошадка паслась около нас, но вдруг исчезла. Все пустились на поиски, но безрезультатно. Я испугалась и кричу: «Отец Савва, у нас лошадь пропала!». И лошадь сразу нашлась. А в этот момент в Печерском монастыре к о. Савве обращаются за благословением, задают вопросы духовные чада, а он говорит: «Да подождите, там кричат, что лошадь пропала!».

Вспоминаю историю о моей близкой знакомой, бабушке Нине, удивительном и глубоком церковном человеке, умершем в начале XXI в. Она была ученицей псково-печерского старца Саввы и долго с ним общалась. Общеизвестно, что старец, умирая, посвятил своих духовных детей Пресвятой Богородице. Нина после его смерти не восприняла это посвящение всерьез и поехала в Троице-Сергееву лавру к старцу Кириллу (Павлову), чтобы тот теперь стал ее духовником. Но как только она приехала и подошла к старцу, еще не успев сказать ни слова, как отец Кирилл остановил ее готовящуюся речь жестом и сказал: «Ну зачем Вы ко мне приехали! Что же я могу Вам сделать! Ведь кто я́, а кто Божия Матерь?!» – и он с восхищением указал рукой в небо…

Архимандрит Рафаил (Карелин) оставил ценные воспоминания о старце Савве (Остапенко) и его глубочайшие мысли о причащении[82]: «Центром духовной жизни схиигумен Савва считал причащение. Он убеждал своих чад причащаться как можно чаще. Старец делал выписки из творений праведного Иоанна Кронштадтского и других отцов о пользе частого причащения. Он говорил, что демон всеми силами старается отвести человека от причастия. Темная сила борет человека с правой и с левой стороны: с левой – явными грехами: нерадением, леностию, осквернением души, фантазиями и помыслами, отвращением к храмовой службе, раздражительностью, злопамятством, стыдом исповедовать грехи перед священником, нечистыми сновидениями перед причастием и так далее. Враг подходит к человеку и с правой стороны – через ложное благоговение перед святыней. Он внушает не только мирянам, но и священникам, и даже архиереям, что частое причащение – это злоупотребление Таинствами, признак духовной гордости; что от частого причащения Тело и Кровь Христовы могут стать привычными, как простая телесная пища; что часто причащающийся человек не может достойно приготовиться к этому величайшему из Таинств. Такие люди смотрят подозрительно на тех, кто причащается часто, и считают частое причащение каким-то новшеством в Церкви. Отец Савва говорил, что лишить человека причастия так же жестоко, как лишить грудного ребенка молока матери. Опыт показывает, что люди, причащающиеся часто, ведут жизнь в духовном плане более достойную, чем те, кто под предлогом благоговения лишают себя святыни. В причастии человек черпает силы для борьбы с грехом, а ему говорят: «Не причащайся часто». Откуда же он возьмет эти силы? Когда указывают на то, что в древности причащались часто, эти люди обычно отвечают: «Тогда был другой духовный уровень». Но разве духовный уровень не зависел от частого причащения? Отец Савва редко отлучал грешников от причастия. Он говорил: «Исповедуйся, смири себя в своем сердце, как самого недостойного, и спеши к Святой Чаше». Однажды его из монастыря послали служить на приходе для восстановления и ремонта храма, который пришел в ветхость. Совершая пасхальную службу, отец Савва обратился к прихожанам: «В эту ночь я всех причащаю Святых Таин, все подходите к Чаше!»».

«Никогда не торопитесь в молитве... Каждое святое слово – это великая творческая сила, – говорил отец Савва. Каждое слово приближает нас к Богу... Некоторые просят молиться за отца, за дочь, за брата, сестру, а сами нисколько не стараются молиться...»

«Нам гордится нечем. Тело и все способности дал нам Господь и все это не наше, а Господне, – говорил старец. Наше у нас – лишь пороки и страсти, но гордиться ими неразумно. Гордым свойственно раздражаться, ругаться, спорить, обижаться. Надо работать над собой и вырабатывать такой характер, чтобы никогда не ни с кем не спорить, не злиться, не раздражаться».

СТАРЕЦ ГАВРИИЛ (УРГЕБАДЗЕ)

Преподобный Гавриил Ургебадзе – архимандрит Грузинской православной церкви, почитаемый всеми православными церквями. В 2012 году он канонизирован Грузинской православной церковью в лике преподобных. Родился будущий монах в Тбилиси в необычной семье: отец его был убеждённым коммунистом, а мать была глубоко верующей женщиной, которая впоследствии приняла монашеский постриг с именем Анна. Окончив шесть классов школы, в 1949 году Гавриил был призван в армию. Во время службы в пограничной части в Батуми он тайно соблюдал пост и посещал службы в церкви святого Николая, юродствовал, за что был ложно признан психически больным. Но по воле Божьей, этот диагноз не помешал отцу Гавриилу найти свое место в церкви. Его приняли в Тбилисский собор на работу: сначала сторожем, после – псаломщиком, а с 1955 - и дьяконом. Тогда же он принял и монашество. С 1950-х годов он строил часовню во дворе дома своей семьи. Власти несколько раз разрушали её, однако отец Гавриил каждый раз её восстанавливал. Эта часовня до сих пор стоит в Тбилиси по адресу: "Тетрицкаройская улица, 11"

Помните, как в Евангелии язычник Пилат искал способ отпустить Христа, а епископы и прихожане истинной веры требовали распятия? Когда старец Гавриил (Ургебадзе) сжег в Тбилиси на первомайской демонстрации портрет Ленина, он был схвачен и отправлен в милицию. Как раз перед этим Хрущев говорил, что скоро покажут по телевизору последнего священника. Москва требовала немедленной казни. Ночью к старцу пришли партийные шишки Грузии, спрашивая его, кто он и почему это сделал? Он заговорил с ними о Боге и заговорил так, что те были потрясены и решили не причинять ему никакого вреда, сообщив в Москву, что монах сумасшедший, отправив его не на расстрел, а ненадолго в психиатрическую лечебницу. Так поступили начальствующие атеисты. Они оказались даже смелее Пилата… А вот грузинские епископы, почти все, поступили по-другому: они, чтобы выслужиться перед советской властью, стали преследовать старца Гавриила, запрещать ему заходить в храмы и причащаться. А когда он все же заходил, его хватали за монашескую одежду и выталкивали за дверь, причиняя боль. Боль обходиться без причастия была для него еще сильнее, и, возвращаясь домой, он плакал в присутствии двух своих сестер о том, что его, служителя Бога, так обижают в Господней Церкви…

Святые не выдерживают людскую мелкость и показушество в вере. И тогда происходит такое… По воспоминаниям игуменьи Елисаветы (Зедгенидзе), Гавриил (Ургебадзе) юродствовал, за что многие его осуждали. Он иногда выпивал, и это людей смущало. Однажды он сказал игуменье: «Поедем в монастырь Креста, такие шутки натворим там». Невозможно было не послушаться. Он зашел в магазин, купил водку. Потом сказал: «Проси милостыни, пусть подадут нам хлеб, соль». И я сидела как попрошайка целый день, мне давали не деньги, а продукты – сыр, хлеб, помидоры. Потом отец Гавриил сделал салат из этого подаяния, накрыл на камне стол и говорит:

– Давай выпивать.

– Отец Гавриил, я не могу.

– Да я благословляю тебя, – он перекрестил водку, подал мне, я выпила. А это оказалась вода. Представляете? Обычная вода.

Один священник вспоминал о старце Гаврииле: «Рядом с ним я ощущал, что я с Богом. Где бы я с ним ни был, – я ощущал, что я в алтаре».

БЛАЖЕННАЯ ТАРСО[83]

Известная православная подвижница Тарсо родилась 4 июля 1910 года в греческой семье. Ее родители были благочестивыми и богобоязненными христианами. Тарсо была красивой, милой девочкой. В четырнадцать лет, как она сама рассказывала, за девочкой пришел ангел, у нее открылся дар прозорливости и она встала на путь юродства. Мать отвела Тарсо в один из Афинских монастырей, посвященный Божией Матери. Там она и осталась на правах послушницы. Но она часто уходила из монастыря и жила странницей: так она могла помочь гораздо большему числу людей. Со временем слава о ней стала распространяться среди греков. Людям стали открываться удивительные вещи: юродивая могла со своими собеседниками говорить на древних языках, она наизусть знала все тропари и кондаки праздников и святых, знала также даты их памяти, могла цитировать книги, которые читали разве что профессора богословия.

Юродивую Тарсо считали психически больной, но к ней за советом приходили профессора, ученые и духовно опытные люди, так как быстро стали известны свидетельства ее прозорливости и дара исцеления.

Профессор И. Корнаракис[84] приводит такой случай из жизни подвижницы: «Гость как-то спросил у Тарсо о чинопоследовании молитвы, о которой он прочитал в одной книге. Он хотел соблюсти установленный порядок слов этой молитвы. Тарсо ему сказала: «Меняй-ка иногда и порядок слов. Не читай молитву формально!». Понятно, что этот совет Тарсо должен был помочь человеку избежать опасности свести свою молитву к бесплодной рутине. Здесь проявилась логика юродства, направленная против такой духовной жизни, которая осуществляется механически, без приложения собственных умственных усилий молящегося человека. Неприятие такой духовной жизни Тарсо выразила и в словах, сказанных другому своему собеседнику: «Очень много «Господи, помилуй!» надоедает даже Богу».

Когда однажды игумения попросила Тарсо молитв о монахинях, когда Тарсо уйдет, та спросила:

– Куда я уйду?

– В иной мир.

Тогда Тарсо, как отрезав, ответила:

– Нет иного мира. Мир – один!

СТАРЕЦ СЕРАФИМ (УРБАНОВСКИЙ)[85]

Отец Серафим, родившийся в 1908 г. в Смоленской области, разделил со своей страной все испытания XX века:

прошел 9 лет лагерей, Великую Отечественную войну, где лишился глаза, пережил гонения на церковь от Советской власти и дожил до периода возрождения христианства в новой России. О старце архимандрите Серафиме (Урбановском) вспоминает его последний келейник, протоиерей Борис Якубовский: «Батюшка меня наставлял: «Будь всегда аккуратен со своими высказываниями. Потому что в какие-то моменты через тебя может Сам Господь говорить, через тебя направлять человека, а ты об этом и знать не будешь». И в моей жизни такое бывало уже после смерти батюшки. Не зная конкретных обстоятельств, я порой говорил: «Ты этого не делай», или: «Ты, лучше, так вот делай». И потом выяснялось, что – да, все было сказано по Божьей воле».

Таково свидетельство сотворчества Бога и священника в деле спасения и помощи людям. Но и, конечно, нужно учесть и опыт священника, ведь эти слова в данном случае приводит ученик старца. Старец Серафим всегда находил время для людей. При этом он умел спокойно говорить даже с самыми неприятными типами, и всего двоих людей называл собаками: «Хрущ – собака!», – это про Хрущева[86], а еще старец так же величал старосту своего храма.

По воспоминаниям келейника старца, после кончины отца Серафима «от его тела не было ни малейшего запаха тления».

СТАРЕЦ ГРИГОРИЙ БЕЛГОРОДСКИЙ

Схиархимандрит Григорий (Давыдов), как и многие другие старцы, почувствовал призыв Бога еще в раннем детстве. Батюшка говорил, что в семилетнем возрасте он уже четко знал, что будет жить один, посвятит всего себя Богу, и сознательно готовился к этому. На его долю выпало много испытаний: более 11-ти лет в лагерях на Колыме, гонения со стороны советской власти, но все их он сносил смиренно, как истинный праведник, говоря: «Те, которые были праведниками, сподобились мученического венца, а мы страдали за свои грехи». В село Покровка, где с 1963 г. служил старец, не зарастала паломническая тропа. Люди любили отца Григория за его чуткость, мудрость и остроумие. Если старец видел, что кто-либо не приносит искреннего покаяния, а просто автоматически говорит: «Простите», – то отвечал: «Бог простит и прохворостит».

Рассуждения старца о греховности, естественно, касались и загробных судеб. Он объяснял: «Прохождение мытарств можно сравнить с подъемом по лестнице. Как по гнилой лестнице высоко не поднимешься, а свалишься и сломаешь себе шею, так и греховный человек не может пройти мытарства».

Как-то к старцу Григорию Белгородскому приехала одна девяностолетняя монахиня и с важным видом сообщила, что за всю жизнь ни разу не испытала блудной страсти. «Погоди, еще испытаешь…», – ответил старец. Через недолгое время монахиня приехала снова, она была в ужасе: «Помогите! Вся горю! В огне». Старец исцелил ее и заметил: «Нельзя тщеславиться своими добродетелями», особенно противопоставляя их «нечестивым молодым современным девушкам».

Старец Григорий не выносил церковного лицемерия. Об одном верующем он сказал: «Ой-ой-ой, какой благочестивый, какой смиренный! А душа-то черная! Если б в душе был такой, как внешне».

СТАРЕЦ ФЕОДОР (ГУЛЯЕВ)[87]

Старец Феодор Гуляев приехал после служения на Афоне в родной Воронеж еще до начала второй мировой войны, и уже тогда к нему относились как к старцу. К нему тайно приходили за утешением и советом многочисленные верующие. Старец опекал и любил молодоженов, помогал молодым добрым людям найти свою половнику так, чтобы те были счастливыми. В Воронеже жил у разных людей: на всех трех «Стрелецких улицах», например, на «Пеше-Стрелецкой». К старцу за советом и благословением приходили даже воронежские священники. Многие считали его своим духовным отцом. Старец, как и многие другие светлые люди той поры, «отсидел» в лагере за веру. Старец всегда знал, когда к нему уже в Воронеже придет милиция, и взволнованно говорил: «Посторонние! Посторонние!». Причем он прозорливо чувствовал, что именно принесут нежданные гости.

Некая молодая пара женилась по благословению, и брак был светлым. Старец сказал назвать сына Иваном, но молодые родители решили назвать по-своему и немало потом намучились с сыном, который рано начал пить и курить. Но по молитвам старца юноша все же исцелился от этих зависимостей.

В последние года жизни старца его приютила Елена Алексеевна Евтухова, позднее принявшая монашество с именем Акилина. Добрая вдова взяла дедушку в свой дом. Ухаживала за ним, принимала его гостей. Интересно, что прежде чем она узнала о старце, он приснился ей и сказал: «Я к Вам скоро приду...». Она стала его ученицей и помощницей. Как-то он сказал ей, что в этот раз она не пойдет на пасхальную службу.

– Как это я не пойду? – удивилась она. Я всегда хожу!

– Ты будешь выше делать! – сказал старец. – Садись, шей красные рубашечки, штанишки детские. Трех размеров.

Елена была крайне удивлена тем, что может быть что-то выше пасхальной службы. Но послушала праведного наставника и сшила все заказанные им детские костюмы…

А наутро он ушел и куда-то все это унес. Елена решила проследить, куда он ходит. Он тогда устроился работать на угольный склад сторожем. Елена тайно пошла за ним, а он ушел от склада и принес вещи, куличи, угощение к какому-то подвалу, где жили четверо нищенствующих детей и их бабушка. «Спасибо! – радовалась та бабушка. – Дедушка нас не оставляет!».

Старец Феодор похоронен на Коминтерновском кладбище, и с тех пор к нему на могилу приходят паломники. Собрано много свидетельств помощи старца после смерти. При жизни он многим помог. Давал деньги, еду, устраивал на работу, решал сложные жизненные проблемы. Он всегда говорил: «Не унывайте! Ведь Господь сказал: «Радуйтесь и веселитесь, ибо мзда ваша многа на небесах»». Когда старец умер, попрощаться приходили многие, а ночью приезжали и большие начальники. Впервые за годы советский власти, тело умершего провезли крестным ходом по городу, и его провожали в последний путь множество людей.

НИДЕРЛАНДСКИЙ ОТШЕЛЬНИК ДЖОЗЕФ ВАН ДЕН БЕРГ[88]

Он не признан святым и его имя едва ли знакомо православным верующим за пределами стран Бенелюкса. Но те, кто посещали его и общались с ним, убеждены, что прикоснулись к миру Святого Духа и пообщались с настоящим старцем. Скончавшийся в октябре 2023 г. Джозеф ван ден Берг был уникальным голландцем. В секулярной стране, где с каждым годом число верующих уменьшается в геометрической прогрессии, он смог встретить Бога и стать православным подвижником. Он был очень известным актером-кукольником в 70–80-х гг. прошлого века и объехал весь мир. Изначально был неверующим, у него была семья: жена и четверо детей. 14 сентября 1989 г. он должен был выступить в Антверпене со своим известным спектаклем, но вдруг вышел на сцену перед публикой и объявил, что представление отменяется, потому что его призвал глас Божий. Как потом вспоминал артист, перед выступлением его постигло откровение, в котором он явно узнал промысел и волю Бога. Вскоре он посетил старца Софрония (Сахарова) в Эссексе, старца Порфирия Кавсокаливита в Афинах и старца Паисия Святогорца на Афоне и принял Православие.

С июля 1991-го г. Джозеф стал жить отшельником: сначала на крытой велосипедной стоянке в городке Нерайнен, а потом в самостоятельно построенной каморке-часовне на заднем дворе своего знакомого односельчанина. Там он принимал гостей, число которых неизменно росло с каждым годом, «врачевал» душевные раны своими молитвами и мудрыми словами.

Джозеф Ван ден Берг: «Ум атеиста – словно неспящий полицейский – упрямо не верит в возможность чуда. На любое проявление Божьего промысла в жизни верующего человека он заявляет: «Это просто совпадение! Чудес не бывает! Это следствие экономического/ социального прогресса» и так далее. Тем самым он защищает себя от поражения».

«Господь всегда знает, что делает! Он сейчас немного шатает наш мир. Но этим Он зовет нас, как мама: «Дети, где вы?», а потом Он согреет нас и соберет всех за одним столом».

«Ты просишь у Бога: «Господи, подари мне велосипед». Но если ты немножко подождешь, то Он подарит тебе машину».

СТАРЕЦ ИОАНН (ЖУРАВСКИЙ)

25 сентября – день рождения рижского старца Иоанна Журавского. Этот человек за свою долгую жизнь пережил

несколько гонений со стороны коммунистов, в том числе и хрущевские антирелигиозные гонения, которые начались в 1958 г. Священников, правда, в ту пору в отличие от репрессий довоенного периода не убивали, но храмы закрывали и разрушали охотно, даже в Латвии. Многие духовные дети о. Иоанна спрашивали старца об этих гонениях, но он успокаивал их, говоря: «Те, кто сейчас славят Ленина, очень скоро будут славить Бога».

Почему случилась революция 1917 г. и начались жесточайшие гонения на верующих? Как правило, сами верующие на этот вопрос отвечают, что вина лежит на большевиках, вольнодумцах, анархистах, революционерах, народниках, интеллигенции и т. д. Но вот старец Иоанн Журавский отвечал на этот вопрос иначе. По его словам, вина в трагедии лежит на Церкви. Потому что, как замечал старец, к 1917 г. из храмов и монастырей ушло «внутреннее Христианство». Обряды продолжали исполняться, но «стяжания Духа Святого», о котором говорил преподобный Серафим Саровский, не было, и к нему в целом никто не стремился… И потому, согласно мысли старца, гонения явились ответом Бога на внутрицерковную ситуацию, и целью их было не наказать, а очистить, преобразить Церковь, вернуть ее на тот путь, с которого она сошла в трагический синодальный период…

Внешне современникам отец Иоанн мог бы показаться обычным священником: он был женат и воспитывал двух приемных детей. Но вскоре после начала его служения люди стали почитать отца Иоанна как святого. Одно из самых значительных событий в жизни рижского священника произошло в начале XX в., когда в Латвию приезжал святой праведный Иоанн Кронштадтский. После одной из служб он подарил Иоанну Журавскому свою рясу как своеобразный духовный завет. В народе стали говорить, что так «дар от Иоанна к Иоанну перешел». И действительно, впоследствии рижский батюшка стал настоящим преемником Иоанна Кронштадтского. Старец не раз поражал прихожан своими дарами исцеления и прозорливости. Двадцать лет, с 1920 по 1940 годы, он был священником в рижских тюрьмах, где призвал к вере сотни душ, а в 1941 г. – во время массовых расстрелов евреев в Риге – отец Иоанн крестил их в Православие, тем самым спасая от гибели. Служение отца Иоанна способствовало распространению Православия в лютеранской Латвии, за что его до сих пор помнят и любят, называя «золотой батюшка». Сейчас обсуждается возможность канонизации старца.

СТАРЕЦ ФЕОФИЛ (ПАРАЯН)[89]

3 марта – день рождения румынского старца Феофила (Параяна), родившегося слепым, но страстно желавшего познавать мир Господень. Старец выучил французский, немецкий, английский языки, а затем эсперанто. В юности он познакомился с отцом Арсением (Бока)[90], почитаемым румынским старцем, у которого научился молитве Иисусовой – молитве, которую постоянно читал про себя еще до того, как стал монахом. Интерес к вопросам религии и стремление расширить свои богословские познания привели его на факультет богословия в Сибиу. Во время учебы он вовсе не стремился к священству, а говорил: «Я желал получить моральную поддержку в этой жизни». Феофил всю жизнь глубоко ощущал присутствие Бога, радовался возможности молитвы, на память читал большие отрывки из произведений святых отцов. Будучи образованнейшим человеком он с 1992 г. выступал на многочисленных конференциях, проводившихся как в Румынии, так и за ее пределами. Он посещал преимущественно университетские центры, которые курировала Ассоциация православных румын-

ских студентов. Отец Феофил, по словам митрополита Трансильванского Лаврентия (Стреза; родился в 1947 г.), был «Божиим даром, человеком радостным, прекрасным старцем, духовником – утешителем приходивших к нему людей… Улыбка не сходила с лица его. Отец Феофил был человеком состоявшимся и счастливым. Слепой, но полный света, человек молитвы, в основу своей жизни положивший веру и культуру. Отец Феофил был и останется ярким и надежным маяком, человеком, в котором воплотились радость и истинность веры, проповедником веры, основанной на любви. Он был строителем душ человеческих и возродил многих для духовной жизни во Христе и в Церкви своими проповедями, поучениями, наставлениями».

Сам старец говорил о себе и своем служении: «Я велик для тех, кто слушает меня; мал для тех, кто меня не слушает; и ничто для тех, кто меня избегает». На вопрос одного верующего: «Отче, неужели на том свете мы будем вместе? В самом деле, мы сможем быть там вместе?», он ответил: «Невозможно, чтобы Господь разлучил нас в том мире, если Он объединил нас в этом. Если нам было хорошо друг с другом в этом мире, верим, что Господь благословит нас быть вместе и на том свете». А еще слепой старец написал 20 книг и прожил жизнь полную, светлую и насыщенную, несмотря на свое врожденное увечье, не помешавшее ему в полноте стать человеком Церкви, человеком культуры, человеком истины…

МИЛОСТИВЫЙ СТАРЕЦ СЕРАФИМ (ТЯПОЧКИН)

Архимандрита Серафима (Тяпочкина) называют одним из самых известных старцев «советской эпохи». Когда он приехал в село Ракитное Белгородской области после 15 лет лагерей и ссылок за свою веру, в этом «живом скелете» едва ли узнали священника. Он пережил многое: голодную смерть двоих детей, потерю любимой жены, скончавшейся от туберкулеза, каторжные работы на лесоповале, гонения со стороны церковного начальства. Но не утратил своей сильной веры: в 1960 г. он принял монашество.

О старце Серафиме рассказывают, что он имел благоговение ко всему живому, к каждой травинке. Его внук, Дмитрий, вспоминает о своем дедушке следующее: «После дождя в храм всегда шли очень медленно. Нужно было обойти всех червячков, жучков, паучков. Дедушка шел впереди и внимательно следил, чтобы никто ни на кого не наступил». Среди историй о старце Серафиме есть и такая, когда он спросил у работавших на храмовой кухне: «А где наш кот?». Ему ответили, что кот уже состарился, мышей не ловит, и его отнесли в овраг умирать. Старец помолчал, а потом сказал: «Отыщите кота, вымойте, постелите ему чистую подстилку, и пусть живет на кухне, только кормите его до самой смерти».

ЗАМЕТКИ ОБ ОТЦЕ ФИЛОФЕЕ (ЗЕРВАКОСЕ)

Старец Филофей (Зервакос) – известный греческий прозорливец и чудотворец, духовный сын святого Нектария Эгинского. Призвание к монашеской жизни он чувствовал с юности и впоследствии стал одним из самых ярких и активных миссионеров, исповедников и православных писателей Греции.

Старец Филофей и пожертвование

Однажды известный греческий певец посетил старца Филофея с просьбой о помощи в непростой жизненной ситуации. По молитвам священника проблема очень быстро разрешилась. Тогда певец пришел к старцу снова и принес ему деньги.

– Что это за деньги? – спросил старец.

– Это гонорар за мое выступление в очень известном и богатом ночном клубе. Тут очень много. Возьмите их себе, – отвечал певец.

– А когда вы там выступали?

– В ночь с субботы на воскресение.

И старец ответил, что не сможет взять эти деньги. Ведь певец своим выступлением сделал так, что многие люди не пошли в воскресение в храм. «А мы не можем быть счастливы, если не кладем в основание жизни заповеди Божии. А ходить в храм по воскресениям – это Божья заповедь», – заключил старец.

Ночные гости

Батюшка В. ездил в 2016 г. в Грецию и гостил у старца митрополита Филофея. В полночь старец разбудил батюшку и попросил отвезти его по одному адресу.

– А что там? – спросил священник.

– Там семья поссорилась, и я еду служить им молебен.

Приехали в час ночи, старец отслужил для семьи молебен, помирил их, поужинал с ними, а когда священник и старец сели в машину, Филофей попросил отвезти его еще в одно место.

– Куда?

– В пекарню.

– Старец! – воскликнул батюшка, – что вы будете делать в пекарне в три часа ночи?

И митрополит Филофей рассказал ему о своих духовных детях, которые открыли пекарню, но дела у них не шли. Они уже хотели закрываться, но старец не благословил закрытие пекарни и сказал, что каждый день будет скупать у них ночью все, что они не продали в течение суток. Дела у пекарей скоро пошли в гору, они заработали много денег, но каждую ночь старец, чтоб не будить келейников, сам едет к ним в пекарню, сам забирает мешки с хлебом в свою машину и сам отвозит в монастырь, где утром иноки будут этим хлебом кормить паломников и монахов.

Старец Филофей и Марина

Вот, что рассказала моя подруга Марина о встрече со старцем в начале 2016 г.: «При встрече со старцем Филофеем я опять стала спрашивать, как мне быть. Больно и тяжело мне, равносильно смерти, уехать от моего священника, отца Вадима, и не бывать на службах его, и не иметь возможности помогать ему во всем, как я это делаю уже несколько лет нашей дружбы, но мне нужно уезжать, чтобы начинать работать в другом городе. Кончаются все мои средства». Он ответил, что все, что я сейчас делаю для батюшки, я делаю для Христа. А потом трижды прокричал у меня над головой: «Служи Христу!!! Служи Христу!!! Служи Христу!!!»».

Мячик

Один священник полюбил Швейцарию и сам себе говорил: «Продам все и уеду сюда жить хоть на неделю или на месяц». Как-то он встретил старца Филофея, и тот ему неожиданно говорит: «Батюшка! Священник, как мячик в ногах у Господа. Он захочет – буцнет Вас в Швейцарию. А не захочет – не буцнет».

Ряса митрополита

Старец Филофей готовился к встрече с греческими митрополитами и пришел на прием в заплатанной рваной рясе. Переводчица ругает его:

– Вы это специально так пришли! Вы что –не понимаете, что на такие приемы надо ходить красивым! Вы посмотрите на других архиереев – надушены духами, золотые запонки! А Вы? Где Ваша атласная новая ряса, которую мы Вам сделали?

– Я ее одному монаху подарил…

– Владыка! Зачем монаху ряса митрополита?

– Вы не волнуйтесь, это очень простой монах – она ему не повредит.

– Владыка, завтра прием у мэра, и чтоб Вы были в хорошей рясе!

На следующий день митрополит Филофей приходит в новенькой рясе. Переводчица рада, но посреди приема замечает, что у старца вместо ботинок шлепанцы. Вне себя от злости она ругает митрополита Филофея:

– Вы это специально!

– Простите, я так хотел одеть красивую рясу, как Вы сказали, но ведь об обуви Вы не говорили, и я не подумал.

– Как Вы могли забыть? Вы помните то, что сто лет назад было!

– Но ведь это только одежда. Разве это так важно, в чем я приду?

Улыбка

Старец Филофей говорил: «Самый простой способ угодить Господу – это улыбнуться». Когда батюшка В. ехал со старцем Филофеем на автобусе, старец растягивал губы батюшки в улыбке и говорил: «Надо так».

ДОБРЫЕ ИСТОРИИ

Внешность – не главное

Однажды некий священник спросил святителя Нектария Эгинского (1846–1920), почему тот не носит панагию, знак епископского сана? Святой отвечал так: «Посреди нас да будет Христос – вот что важно. А внешнее не так уж необходимо».

Антоний Сурожский всего раз в году служил в храме архиерейским чином, а все остальное время как простой священник – в обычной рясе. Святитель Василий Великий (IV в.) не придавал никакого значения своей одежде.

Патриарх Сербский Павел пользовался общественным транспортом, а в ответ на предложение купить для нужд Патриархии машину, отвечал, что сделает это только тогда, когда в каждой сербской семье будет личный автомобиль. Сам он жил настолько скромно, что в трапезной Патриархии собирал объедки, а потом на протяжении нескольких дней ими питался в своей келье. Своим примером эти подвижники подтверждают библейскую цитату, что жизнь человека не зависит от изобилия его имения (Лк. 12.15).

Помощь словно ниоткуда

Эту историю рассказал священник Сергий из храма Вознесения Господня г. Донецка, мой добрый товарищ. В его храм ходила прихожанка Анна. В 70-х годах XX века у нее уже совсем не осталось родных и кто-то обманом попытался отобрать у нее домик, где она жила. Когда она отчаялась из-за угроза потери жилья, к ней пришло письмо: «Все будет хорошо, не отчаивайтесь. Ваш духовный отец схиигумен Савва». Как известно, старец Савва Остапенко[91] жил в Псково-Печерском монастыре, но до этого она никогда не была у него. Он сам духом прозрел беду и поспешил на помощь.

Историей о помощи Божией поделилась и Светлана Гридчина из Мариуполя. Однажды к ней подошла матушка Наталья, жена священника, и спросила, будут ли они заезжать на могилу старца Николая (Гурьянова). Узнав, что будут, матушка поехала с ними, а в дороге рассказала о чуде. Все случилось в селе под Херсоном, куда направили служить ее супруга. Храм в селе был устроен в старом сельском клубе и в нем ничего не было: ни икон, ни иконостаса, ни подсвечников, ни свечей, даже с богослужебными книгами были трудности. И еды у них почти не было, только то, что приносили прихожане. Матушка Наталья каждый вечер плакала и молилась Пресвятой Богородице, чтоб Она все нужное послала. Матушка боялась, что люди не будит ходить на службы, так как в храме ничего нет. Однажды днем к дому подъехал дорогой автомобиль и водитель спрашивает: «Где матушка Наталия?». Она испугалась и говорит: «А зачем вам матушка? Может вам батюшку? Он в храме». Но они отвечают: «Нет, нам матушку». Она: «Матушки нет». Приехавшие возвратились в машину и сидят, ждут. Больше часа прождали, а матушке стало стыдно, думает: «Какая же я христианка, побоялась, что убьют», вышла к ним и говорит: «Вы меня простите, я испугалась. Матушка – это я». А они: «Вот хорошо, а мы предприниматели, к вам от батюшки Николая Гурьянова» Она: «А кто это?»

«Вы не знаете? Такой хороший батюшка! Сказал к вам заехать, где вы живете описал, как вас найти, и велел вам привезти вот это; и достают из багажника все то, о чем она просила у Богородицы».

Переполненный автобус

Я ехал в невероятно переполненном автобусе и опасался, что не смогу выйти на своей остановке. Но потом решил помолиться и довериться Богу, Который умеет все продумать лучше меня. И что же, оказалось, что сосед по сидению – здоровенный мужчина, выходит там же где и я. Он встал, распихал всех пассажиров и таким образом проложил дорогу к выходу и мне. А я шел и благодарил Бога, сумевшего продумать даже такую мелочь, как мой выход из маршрутки.

Из историй о праведниках

Одна моя студентка как-то пришла выполнить некую работу к своей знакомой – дочери праведного священника-исповедника Симеона Кобзаря, много лет отсидевшего в лагерях за исповедание православной веры. Выполнив просьбу, студентка отказалась от денег, мотивируя это тем, что они знакомы и даже иногда посещают один храм. В ответ дочь праведного человека вложила ей деньги в руку и воскликнула: «Обязательно возьмите! Отец всегда расплачивался! От него никто бы не ушел обиженным».

Психиатр

Один донецкий врач-психиатр рассказывал, что однажды к нему обратились за помощью родственники душевнобольной женщины. Женщине было совсем худо: «видения», «голоса»... Женщина была сектанткой. И очевидно, именно нахождение в секте спровоцировало ее «болезнь». Заподозрив неладное, ее «братья по вере» начали активно за нее «молиться». А когда их «молитва» не помогла, посоветовали пойти в православный храм. Так женщина обрела православие и выздоровела.

О Причастии

Как-то один чудесный православный батюшка заметил, что в его стране священники постоянно ищут повода, чтобы не допустить людей к Причастию, а те афонские старцы, с которыми он общался, наоборот, всегда искали поводы, чтобы причастить пришедшего к ним человека… Иеромонах Амвросий (Дудонов)[92], услышав об этом, ответил, что только истинно живущие Христом ищут повода приобщить к нему и всех других…

Эстафета доброты

Античный философ Цицерон (I в. до н. э.) в свое время сказал: «Доброта порождается добротой». А сербский старец Фаддей Витовницкий говорил, что наша задача как христиан сделать так, чтобы когда мы выходили из комнаты, в ней оставалось бы тепло, радость, мир, любовь, покой.

Божественная поэзия

Старец Ипполит (Халин), принимая людей, цитировал стихи Пушкина, Лермонтова, Омара Хайама и других поэтов, подбирая строки так, чтобы ими глубоко раскрыть проблему пришедшего человека, предостеречь от будущего искушения, через поэзию раскрыть пришедшему его душу.

Приближение к радости

Конечно, ни психология, ни генетика не детерминируют человеческую жизнь. Николай Сербский прямо пишет, что каждый раз обстоятельства нашей жизни меняются вслед за переменами нашего сердца. *Чем мы добрее и праведнее, тем ближе к Господу, а значит – и к радости, миру, смиренному приятию жизни.* Движение к добру и праведности обычно медленное – и награда приходит тоже не мгновенно. «Дух Святой действует медленно, но благородно», как писал Варсонофий Оптинский. Но в этом видимо и есть смысл, заложенный Богом. Радость приходит к нам не как неожиданный мешок сокровищ для юного бездельника, а как результат нашего постепенного духовного роста. Не случайно Э. Хемингуэй в повести «Старик и море» (1952) писал: «Когда счастье придет – я буду к нему готов!»

Православная Церковь

Отец Лев (Жилле)[93] писал: «О странная Православная Церковь, столь бедная и столь слабая... Чудом прошедшая сквозь все множество превратностей и тягот; Церковь противоположностей, столь традиционная и в то же время такая свободная, столь архаичная и, однако, живая, столь обрядовая и вместе с тем так глубоко личностно-мистическая; Церковь, где так бережно хранится бесценная евангельская жемчужина, хотя и нередко под слоем пыли... Церковь, о которой так часто говорили, что она не способна к действию, и которая тем не менее, как никакая другая, умеет воспевать пасхальную радость!».

О другой Клеопатре

У древних святых встречаются редкие имена. Есть святой Платон – не философ. Есть святой Филолог – не занимавшийся лингвистикой. А есть и Клеопатра, не имевшая отношения к политике Римской империи. Клеопатра Палестинская († 327) – не мученица и не монахиня, а палестинская девушка, современница святого мученика Уара († 320) из Египта, которая видела его добровольное мученичество за христианскую веру. После казни Уара она перевезла его тело на свою родину и похоронила его. У Клеопатры был единственный сын Иоанн, служивший солдатом. К великой скорби матери, Иоанн скоропостижно скончался. Клеопатра обратилась со слезной молитвой к мученику Уару у его могилы. Тогда Уар явился Клеопатре и показал ей сына, сказав, что Иоанн счастлив в раю, но по ее желанию, сын может вернуться на землю. Однако Иоанн попросил Уара не возвращать его в земной мир из рая. Клеопатра же наоборот умоляла святого Уара, чтобы он отправил её в мир иной. «Заберем тебя, когда придет время», – отвечал святой, и оба посланника небес стал невидимы. Придя в себя, Клеопатра почувствовала, что боли нет, а сердце полно радости. Она пересказала видение священникам, и тело Иоанна было положено близ мощей мученика Уара. Клеопатра стала жить при храме, возведенном над мощами мученика, посвятила себя служению нищим и семь лет ждала встречи с любимыми. Уар и Иоанн часто приходили к ней. А потом и она ушла в райскую вечность.

Богатый религиозный опыт

Когда православного немецкого проповедника Клауса Кеннета (родился в 1945 г.) спрашивают:

– Вы попробовали почти все мировые религии на вкус. Вы уверены, что Православие – это конечный пункт в Ваших духовных поисках?

Клаус отвечает:

– Я испытал на собственном опыте все другие религии, и я на сто процентов уверен, что Православие – это истинная вера. Доказательство этому – Любовь, которая растет в моем сердце день ото дня. Все религии – это «опиум для народа» (правы были Фейербах, Маркс, Ницше), но православие – это не «религия», а откровение. Православное Христианство – это ответ Бога нам: «Вот, Я здесь!» Когда ваше сердце соприкасается с настоящей Любовью Божьей, вы четко осознаете, что истина находится в Православии. Люди, которые не чувствуют этого, никогда не встречали настоящего Православия, но сталкивались лишь с неким его суррогатом. Это очень грустно. Это все равно, что предпочесть золоту латунь».

Какими бывают высокие люди

Есть фотография, где священник-исповедник Симеон Кобзарь подметает двор и улицу, не желая утруждать других этой грязной работой. В этом фото – богословие Церкви – человек идет с метлой, а на его лице явно сияет слава Господня.

После того, как старец Борис Авдеевский 5 лет отсидел в лагерях СССР за веру, его не принимали обратно в священный сан, и он тоже стал работать дворником в маленьком городке Авдеевка. Этот святой дворник постоянно творил Иисусову молитву, и однажды, на вопрос: «не противно ли ему мести мусор», ответил: «Плох только грех. А у Бога – мусора нет!».

В 20-е годы прошлого века, будучи иммигранткой во Франции, святая Мария (Скобцова)[94], чтоб заработать, ходила по объявлениям «приглашаем вывести в доме тараканов»… И помогала людям не только избавиться от насекомых, но и навести чистоту в доме, покрывая свой труд молитвой. Представляете себе, как великая святая приходила в дом к кому-то и помогала избавиться от букашек? Это как Николай Чудотворец разносит еду в столовой...

Несчастье религиозного характера

Великое «несчастье религиозного характера» (выражение шведского режиссера Ингмара Бергмана (1918–2007)) – желать ощутить реальность Бога и не знать, как это сделать. Между тем, Бог не прячется, но человек устанавливает Ему границу: своего кабинета, своего мировидения, своего привычного существования, своих психотравм, своей гордости, наконец. Бога чувствуют те, кто становится на Него похож. И есть люди, не решившиеся на похожесть, но тоскующие по этому самому главному знанию сердца. Святой Николай Сербский пишет об этом: «Неверно говоришь, друг: «Нет Бога». Вернее сказать: «У меня нет Бога», ибо и сам видишь, что многие люди вокруг тебя ощущают присутствие Бога и говорят: «Есть Бог!». Следовательно, Бога нет у тебя, а не вообще. Ты говоришь так, как если бы больной сказал: «Нет на свете здоровья». Он, не солгав, может сказать только, что он не имеет здоровья, но если скажет: «Здоровья в мире вообще нет», солжет. Ты говоришь так, как если бы нищий сказал: «Нет на свете золота». Есть золото и на земле, и под землей. Кто скажет, что нет золота, неправду скажет. А если скажет правду, должен сказать: «У меня нет золота». Так же и ты, друг мой, неверно говоришь: «Нет Бога!». Ибо, если ты чего не имеешь, не значит, что не имеет этого никто и нет этого в мире. А кто дал тебе власть говорить от имени всего мира? Кто дал тебе право свою болезнь и свою бедность навязывать всем? Если же признаешь и скажешь: «Я не имею Бога», тогда признаешь истину, и это будет твоя исповедь».

О посте

Моя студентка и добрая подруга Мария Важева так рассказывала о своем знакомом православном священнике, епископе Константинопольской Церкви, англичанине Каллисте (Уэре). Как-то в Страстную Пятницу в Риме епископ Каллист заказал себе и навещавшему его священнику Мелетию пиццу, и в ответ на удивление священника («Сегодня же пост!») рассказал, что когда верующие из РПЦ приезжали в гости к Антонию Сурожскому и на исповеди говорили, что нарушили пост, тот их не понимал и просил: «Расскажите лучше, что у вас болит...».

Случай со святым Ильей Макеевским[95]

Святой Парфений Киевский[96], говоря о важности для Бога сути, а не формы, заметил, что если человек будет намеренно опускать глаза, говорить тихим голосом, одеваться в черное, но не будет иметь к тому расположения, то Дух Святой отступит от него за притворство, ведь Господь не приходит к человеку, который намеренно «фальшивит». А о святом старце Илье Макеевском существует такая история, привожу ее по жизнеописанию: «Однажды к старцу шли две молодые женщины. Одна из них постоянно говорила по дороге: «К какому человеку Божию идем! А я – такая грешная, просто грязная свинья!». Другая же просто молчала. Когда они пришли к старцу, первую он поставил стоять у порога, а вторую пригласил сесть у кровати, где лежал. Кроткая женщина обратилась с вопросом: «Отец Илия, а почему Вы ее не приглашаете?». Старец ответил: «Люди приходят ко мне, много людей, но свиней еще никогда не было! Этого мне еще не хватало, чтобы ко мне свиньи приходили!». От обиды женщина накричала на старца за то, что он назвал ее свиньей, совершенно забыв, как совсем недавно по причине ложного смирения сама же так себя называла. Таким образом, преподобный вскрыл тайную гордыню, живущую в душе посетительницы. Потом он говорил: «Ох-ох! Если гордыня в Вас живет, то уж лучше молчи, не говори ничего о себе: «Я – такая плохая, этакая…».

Чувство присутствия Бога

Знаменитый румынский старец-исповедник архимандрит Арсений (Папачок)[97] дал интервью журналисту и рассказал о чувстве присутствия Бога.

– Расскажите, как рождается и приобретается это состояние присутствия?

– Это вопрос, на который невозможно ответить сполна. Люди скрывают свою жизнь. Я сидел [98]с разными людьми. Был в хороших отношениях с отцом Думитру Станилое, конечно, соблюдая дистанцию, потому что по сравнению с ним я тогда был еще малышом. Когда шли следствие и суд над «Неопалимой Купиной», участниками которой мы были оба, отец Думитру колебался. Но когда он попал в тюрьму и встретил там великих подвижников, которые уже отсидели по 20 лет, знавших Новый Завет наизусть, отец Думитру был впечатлен. За участие в движении «Неопалимая Купина» Василие Войкулеску, Думитру Станилоае, Александру Миронеску и все остальные получили по 15 лет каждый, а мне дали 40. Сначала мне было смешно, потому что везде ко мне относились как к страшному убийце. В Жилаве один капитан, когда раздевал и стриг меня, спросил: «Эй, тебя за что?». «Да не за что!» – ответил я ему. «Слышь, ты, если бы ты ничего не сделал, то дали бы лет 10–15, а не 40…». Оказывается, если бы даже я ничего не делал, все равно посадили бы на 10–15 лет. Вот с кем мы имели дело. И вот среди них – тех, кто тебя раздевал, кто убивал тебя, – важно было чувствовать свое присутствие перед Богом. Они меня не убили, хотя, наверное, преследовали такую цель, когда бросили в холодный карцер. Через три дня я, по их расчетам, должен был умереть. Я не умер за три дня. Дали пять, потом семь. А я не умер все равно. Бог не хотел. Но было очень трудно. Важно в том месте, где ты находишься, присутствовать перед Богом! А потом – будь что будет. <...> Никакое образование и ничто другое не формирует в тебе состояние постоянного присутствия перед Господом, как тюрьмы и страдания. Большую ошибку совершает тот, кто игнорирует страдания. Когда Спаситель был с учениками на Генисаретском озере, то сказал им: «Идем к другому берегу». И как только они отплыли, то волны стали расти. И ученики из-за этого разволновались, потому что для их спокойствия было недостаточно того, что Спаситель ясно сказал: они отправляются на другой берег. Можно ли было обойтись без волн – символа испытаний и колебаний? Нет, потому что только в испытаниях мы отдаем свое сердце Богу».

Архимандрит Илья (Раго): католик перешедший в Православие

Архимандрит Илья (Раго)[99], человек видевший многих старцев, общавшийся с такими подвижниками как Клеопа (Илие)[100] и Эмилиан (Вафидис), говорит о том, что на земле путь апостольского Православия – путь возможной святости: «Безусловно, люди высокой духовной жизни есть и за пределами Православия. Но настоящие Божии люди есть только в Православии! Я знаю очень многих католиков, которых невозможно ни в чем упрекнуть. Жизнь их безукоризненна. Они любят Бога и очень глубоко знают духовную традицию. Но только у православных старцев ощутима харизма жизни Духа Святого в Церкви, есть живое общение во Христе. Здесь это не интеллектуальный багаж и предчувствие, а сама жизнь. Замечательных людей полно и в других конфессиях. Но это люди – и только. Скорее их можно назвать пророками. А зачем ждать, что обетования осуществятся когда-то, если Царство Божие в силе уже пришло в Православии?».

– Вашим наставником был старец Эмилиан (Вафидис), возродивший греческий монастырь Великих Метеор. Как Вы с ним познакомились?

– Наш игумен, отец Плакида[101], возвращался из своей поездки в Румынию, где он общался со старцами, во Францию на машине и внезапно свернул с пути, чтобы посетить Святую Гору. Он первый из нашего монашеского братства побывал у ныне уже прославленного преподобного Паисия Святогорца и, знакомясь с афонскими наставниками, нашел для нас духовного руководителя в лице старца Эмилиана. Этот афонит тут же открыл для нас двери своего монастыря Симонопетра: «Если вы желаете приобщаться к Православию, вы можете жить у нас столько, сколько хотите». Достаточно быстро, уже через несколько месяцев, мы воспользовались этим предложением, перебравшись на Афон. Так мы, монахи-цистерцианцы, перешли в Православие. Я уже 40 лет как в Православии и свято храню этот огонь веры. Теперь я даже не понимаю: как это вообще возможно – не быть православным?!

– Расскажите об общении со старцем Эмилианом.

– Об этом можно говорить часами. Главное общение – во время Литургии. Тогда он был особенно сдержан и прост, без каких-либо театральных эффектов и излишней жестикуляции. Это внутреннее сосредоточение передается всем: когда он служит, предстоишь перед лицом Бога Живого. То, как старец произносит слова, как ведет себя во время Богослужения, наполняет душу трепетом и свидетельствует о присутствии Божества.

– Вы не чувствовали языкового барьера?

– Во время Литургии нет. Проблемы возникали тогда, когда надо было исповедоваться. Через переводчика это делать, согласитесь, не очень приятно. Он говорил по-гречески, я – по-французски. У нас не было общего языка. А в отношениях духовного отца и сына важен диалог. Только Святым Духом все эти трудности преодолевались. Одно время меня очень мучила одна весьма сложная проблема, я весь измаялся. А через переводчика ее открыть не решался. «Господи, как же мне старцу об этом смущении сообщить?». Я целый месяц молился, живя в Симонопетре, и искал возможности. А когда мне надо было уже отправляться на пристань, старец вдруг перед Литургией подзывает меня к своей стасидии[102] и через брата-переводчика говорит: «Знаешь, если однажды, когда ты будешь во Франции, кто-то обратится к тебе с такой-то проблемой, то вот совет, который ты должен ему дать». И он со всеми нюансами растолковал мне мучивший меня вопрос, о котором никто не знал! А переводчик даже не догадался, что происходит.

ЗАКЛЮЧЕНИЕ

Вся жизнь святых и все истории о старцах говорят о том, насколько драгоценен, редок и необходим на духовном пути зависящий от нашего произволения дар послушания – способность смиренно учиться у святых людей их вере. Старцы, которые сами когда-то были послушниками других святых людей, учат нас педагогике долгого урока. Эта педагогика означает, что истинный наставник находится с послушником постоянно: вдохновляя, оберегая, уча частому Причастию, личной глубокой молитве, делам милосердия и доброты, приобщая к мировой культуре, открывая миллионы поводов для благодарности в жизни, которую можно назвать Божьей сказкой наяву. Старцы также помогают нам раскрываться в Духе и замысле Божием, умножать красоту и расти в ней, приносить плоды, которых мы не устыдимся в вечности. Труд старца-наставника кропотлив и сложен. Истинными наставниками были как древние Брендан Мореплаватель[103] или Колумба Шотландский[104], так и современные нам старцы Эмилиан (Вафидис), Ефрем Филофейский или Софроний (Сахаров). Таковы и те священники, которые стараются вырасти в вере, учась у святых отцов и у великих старцев. Эти подвижники всегда будут на земле: до тех пор, пока в мире будет находиться хотя бы один человек, способный склонить голову в благодарности перед их красотой и величием духа.

ПРИМЕЧАНИЯ

1 Дионисий (Каламбокас; родился в 1950 г.), архимандрит Элладской Православной Церкви. Духовный ученик старца Емилиана (Вафидиса). В 1969 г. пострижен в монашество, последовательно жил в разных монастырях в Греции, в т. ч. в Великих Метеорах, и на Святой горе Афон. Основал несколько монашеских обителей в Греции, Германии, Норвегии и США.

2 Преподобный Серафим Саровский (Мошнин; 1754(или 58/59) – 1833), иеромонах Саровского монастыря, основатель известной православной Дивеевской женской обители, канонизирован в 1903 г.

3 Сергий Радонежский (1314/1322–1392) святой, игумен Русской церкви, основатель ряда монастырей, в том числе Свято-Троицкого монастыря под Москвой (ныне Троице-Сергиева лавра). Известен также как представитель деятельного исихазма (постоянной молитвы о Христе) и основоположник русского старчества, оставивший после себя многочисленные наставления.

4 Серафим (Тяпочкин; 1894–1982), архимандрит Русской Православной Церкви, родился в дворянской семье, получил духовное образование, после женитьбы был рукоположен во священника, в 1940 г. арестован, 15 лет провел в лагерях, в 1960 г. по смерти супруги был пострижен в монашество, сменил несколько мест служения, последние годы служил в селе Ракитное Белгородской области, имел дар прозорливости и чудотворной молитвы.

5 Зинон (Теодор; род. 1953), архимандрит Русской Православной Церкви, постриженик Псково-Печерской лавры, известный иконописец, расписал несколько храмов в России, Греции и в Европе, теоретик церковного искусства.

6 Иоиль (Яннакопулос; 1901–1966), архимандрит Элладской Православной Церкви. В 1924 г. был пострижен в монашество, служил в разных храмах в Афинах. Основал монастырь во имя пророка Иоиля близ г. Каламата (Греция), опубликовал много исследований по библеистике и богословию.

7 Святая гора Афон – Монашеская республика Афон, в состав которой входит 20 мужских монастырей, расположена на полуострове Айон-Орос (Греция) и находится под покровительством Пресвятой Богородицы и в юрисдикции Константинопольской Православной Церкви. В республике действуют особые монашеские законы, запрещен вход женщинам. На протяжении столетий Афон считается центром православного монашества.

8 Преподобный Софроний (Сахаров; 1896–1993), схиархимандрит Константинопольской Православной Церкви, ученик и биограф прп. Силуана Афонского, родился в России, после Октябрьской революции эмигрировал во Францию, в 20-х гг. XX в. принял монашество на Афоне, с 1947 г. жил во Франции, основал монашескую общину в Коларе, в 1958 г. переехал в Великобританию и в графстве Эссекс основал монастырь во имя св. Иоанна Предтечи, автор ряда книг о духовной жизни, канонизирован в 2019 г.

9 Филофей (Зервакос; 1884–1980), архимандрит Элладской Православной Церкви, настоятель Лонговардского монастыря на острове Парос (Греция).

10 Антоний (Блум; 1914–2003), митрополит Сурожский, патриарший экзарх Западной Европы Русской Православной Церкви, автор многочисленных книг о духовной жизни.

11 Преподобный Паисий Святогорец (Эзнепидис; 1924–1994), самый известный греческий старец XX в., жил в разных монастырях в Греции, на Афоне и на Синае (Египет), основал женский монастырь во имя апостола Иоанна Богослова в деревне Суроти под г. Салоники (Греция), несколько раз видел Спасителя и Пресвятую Богородицу, имел дар прозорливости и чудотворной молитвы, канонизирован в 2015 г.

12 Преподобный Порфирий Кавсокаливит (Баиректарис; 1906–1991), иеромонах Элладской Православной Церкви, после принятия монашества жил на Афоне, затем долгое время служил в Афинах, основал несколько монастырей,

имел дар прозорливости и исцеления душевных и физических болезней, канонизирован в 2013 г.

13 Ефрем Аризонский (Мораитис; 1928–2019), архимандрит Константинопольской Православной Церкви, миссионер, ученик Иосифа Исихаста, основал несколько православных монастырей в США.

14 Виталий (Сидоренко; 1928–1992), схиархимандрит Русской Православной Церкви, с ранних лет взял на себя подвиг поста и странничества, жил в Троице-Сергиевой лавре, затем в Глинской пустыни и в скитах на Северном Кавказе, последние годы жизни служил в Тбилиси (Грузия), имел дар прозорливости и исцеления.

15 Блаженная Матрона Московская (ок. 1881–1952), родилась в крестьянской семье слепой, в 7 лет у нее открылся дар прозорливости и исцеления, в 16 лет потеряла способность ходить. В советские годы часто меняла места жительств из-за преследования со стороны властей, в последние годы жила в подмосковном поселке Сходня, канонизирована в 1999 г.

16 Преподобный Гавриил (Ургебадзе; 1929–1995), архимандрит Грузинской Православной Церкви, при жизни нес подвиг юродства, почитался как молитвенник и целитель, имел дар прозорливости, канонизирован в 2012 г.

17 Преподобный Серафим Вырицкий (Муравьёв; 1866–1949), схиеромонах Русской Православной Церкви. В молодости успешно занимался торговлей пушниной, после революции 1917 г. потерял дело и состояние, отказался эмигрировать, в 1920 г. принял монашеский постриг в Александро-Невской лавре в Петербурге, был рукоположен во священника, с 1930 г. жил в пос. Вырица по Ленинградом, имел дар прозорливости и молитвы, автор ряда аскетических сочинений, канонизирован в 2000 г.

18 Ипполит (Халин; 1928–2002), архимандрит Русской Православной Церкви, с 1957 г. жил в Глинской пустыни, затем в Псково-Печерском монастыре, с 1966 по 1983 г. – в Русском Свято-Пантелеимоновом монастыре на Афоне, затем вернулся в Россию, с 1991 г. был настоятелем Рыльской пустыни в г. Рыльске Курской области.

19 Никон (Лазару), современный иеромонах Константинопольской Православной Церкви румынского происхождения, на-

сельник келлии святителя Спиридона Тримифунтского на Афоне, проповедник, автор духовных публикаций.

20 Иисусова молитва – молитва «Иисусе Христе, помилуй меня грешного», обращенная к Иисусу Христу с просьбой о спасении, которую многие святые подвижники и духовные наставники советовали мысленно совершать непрестанно.

21 Павел (Стойчевич; 1914–2009), патриарх Сербской Православной Церкви (с 1990 г.).

22 Здесь и далее: фрагменты выделенные курсивом – дополнения и примечания редактора.

23 Святитель Феофан Затворник (Говоров; 1815–1894), иерарх Русской Православной Церкви, управлял Тамбовской епархией, ушел на покой и поселился в Вышенской пустыни в добровольном затворе (выходил из кельи только для участия в богослужениях), автор ряда аскетических сочинений, канонизирован в 1988 г.

24 Святитель Николай Сербский (Велимирович; 1880–1956), иерарх Сербской Православной Церкви, последовательно управлял Охридской и Жичской епархиями, автор многочисленных духовных сочинений, канонизирован в 2003 г.

25 Симеон Новый Богослов (949–1022) греческий монах православной традиции, богослов, сочинитель «Гимнов» (поэтических духовных стихов).

26 Муньос-Кортес Иосиф (в монашестве Амвросий; 1948, Сантьяго, Чили – 1997, Афины, Греция), православный иконописец испанского происхождения, в молодом возрасте перешел в Православие, обучался иконописи, в 1982 г. на Афоне получил в дар список Иверской иконы Божьей Матери «Монреальская», объехал полмира с этой иконой, чтобы дать людям возможность поклониться ей, все поступавшие пожертвования передавал на Афон или нуждающимся, тайно пострижен в монашество, мученически убит, чудотворная икона исчезла.

27 Старец Паисий Святогорец: Свидетельства паломников / Пер. с новогреч. А. Волгиной. – М., 2011.

28 Святитель Игнатий (Брянчанинов; 1807–1867), иерарх Русской Православной Церкви, епископ Кавказский и Черноморский, автор аскетических сочинений, канонизирован в 1988 г.

29 Фаддей Витовницкий (Штрабулович; 1914–2003), архи-

мандрит Сербской Православной Церкви, в 1932 г. ушел в монастырь и вскоре принял монашество и духовный сан, в годы второй мировой войны несколько раз подвергался аресту, после был настоятелем кафедрального собора в Белграде (Сербия), а затем крупнейшего сербского монастыря Печская Патриархия (Косово и Метохия), но по состоянию здоровья поселился в маленьком монастыре Витовница, имел дар молитвы.

30 Глинская в честь Рождества Пресвятой Богородицы мужская пустынь, находится в селе Сосновка Глуховского района Сумской области (Украина), основана в XVI в., в 1921 г. закрыта, в 1942 г. мон-рь, оказавшийся на оккупированной немцами территории, был вновь открыт, сюда вернулись несколько старцев, повторно закрыта в 1961 г., действует с 1994 г.

31 Святитель Зиновий (Мажуга; 1898–1985), митрополит Тетрицкаройский Грузинской Православной Церкви, в юном возрасте ушел в Глинскую пустынь, был пострижен в монашество, переехал в Грузию, где долгое время руководил тайной монашеской общиной, проживавшей в Кавказских горах, был хиротонисан во епископа, имел дар прозорливости, считался старцем, канонизирован в 2010 г.

32 Преподобный Серафим (Романцов; 1885–1976), схиархимандрит Русской Православной Церкви, после участия в первой мировой войне в Глинской пустыне принял монашество, после ее закрытия жил в Грузии, несколько лет провел в лагерях, жил в Узбекистане и Таджикистане, вернулся в открывшуюся Глинскую пустынь, потом служил в Сухуми, канонизирован в 2010 г.

33 Преподобный Андроник (Лукаш; 1889–1974), принял монашество и духовный сан в Глинской пустыни, после ее закрытия несколько лет провел в лагерях, во время повторного открытия пустыни стал духовником ее братии, в последние годы служил в Грузии, канонизирован в 2010 г.

34 Святитель Иоанн (Максимович; 1896–1966), митрополит Западно-Американский и Сан-Францисканский, Шанхайский Русской Православной Церкви заграницей, происходил из дворянства, получил военное и юридическое образование, после революции эмигрировал, в 1926 г. принял монашесво, в 1934 г. хиротонисан во епископа Шанхайско-

го, затем последовательно управлял Западноевропейской и Западноамериканской епархиями, оставил ряд духовных сочинений, имел молитвенный дар, канонизирован в 1994 г.

35 Петр (Мещеринов), игумен. Жизнь православного христианина в современном мире: (На примере митрополита Антония) // Русский пусть /https://www.rp-net.ru/book/articles/vestnik/193.php [Электр. ресурс].

36 Иларион (Михаил), иеромонах Константинопольской Православной Церкви, насельник келлии святого Харалампия в Новом Скиту на Афоне, миссионер, проповедник.

37 Исихасты – *последователи учения исихазма, провозгласившего главными принципами монашеского жития духовное созерцание, крайний аскетизм и непрестанную молитву.*

38 Никифорова А. Схимонах Иларион: Только Господь знает сердце человека (Интервью, 17 сентября 2012) // Правмир / https://pravmir.ru/sximonax-ilarion-tolko-gospod-znaet-serdce-cheloveka/ [Электр. ресурс].

39 Организатор упомянутого фестиваля *(прим. А. П.)*.

40 Ἐφραὶμ Φιλοθεΐτης. Ὁ Γέροντάς μου Ἰωσὴφ ὁ Ἡσυχαστὴς καὶ Σπηλαιώτης (1897–1959) / Ἐπιμέλεια π. Στ. Κ. Ἀναγνωστόπουλος. Ἱερὰ Μονὴ Ἁγ. Ἀντωνίου Ἀριζόνας, 2008; Ефрем Филофейский. Моя жизнь со старцем Иосифом / Пер. с греческого и прим. архимандрита Симеона (Гагатика). –М., 2012.

41 *Graham Graham H.* The Power and the Glory. 1940; Грин Г. Сила и слава /Пер. с английского Н. А. Волжиной. – М., 2008.

42 Golding W. G. Lord of the Flites. 1954; Голдинг *У.* Повелитель мух / Пер. с английского Е. Суриц. – М., 1981.

43 Никон (Лазару), игумен. Как сделать свою молитву плодотворной / Пер. с румынского З. Пейковой // Православие.Ру / https://pravoslavie.ru/138485.html [Электр. ресурс].

44 Епифаний (Феодорпулос; 1930–1989), архимандрит Элладской Православной Церкви, автор многочисленных книг и статей по богословию и актуальным вопросам церковной жизни.

45 Адельгейм Павел (1938–2013), протоиерей Русской Православной Церкви, в молодом возрасте стал послушником Киево-Печерской лавры, учился в Киевской и Московской Духовных академиях, в 1959 г. был рукоположен во диакона,

в 1964 г. – во священника, служил в Узбекистане, в 1969 г. осужден на 3 года заключения по обвинению в клевете на советскую власть, в лагере потерял ногу, с 1976 г. служил в Псковской епархии, был активным противником советской власти, выступал за изменения в отношениях между иерархами Церкви и простыми священниками, убит психически нездоровым человеком.

46 Преподобный Силуан Афонский (Антонов; 1866–1938), иеромонах Константинопольской Православной Церкви, афонский старец русского происхождения, молитвенник, имел дар прозорливости, канонизирован в 1987 г.

47 Святой Вианней Жан Батист Мари или Кюре (настоятель) из Арса (1786–1859), католический священнослужитель, служил в церкви в дер. Арс (Франция), прославился аскетической жизнью, рвением в служении, яркими проповедями и даром исповедника, был прозван «узником исповедальни, поскольку по 17 часов в день принимал кающихся, канонизирован в 1925 г.

48 Παΐσιος ὁ Ἁγιορείτης. Μὲ πόνο κα ἀγάπη γιὰ τὸν σύγχρονο ἄνθρωπο. – 1998; Паисий Святогорец, прп. Слова. М., 2001. – Т . 1: С болью и любовью о современном человеке.

49 Анастасий (Топозиус; † 2022), схиархимандрит Константинопольской Православной Церкви.

50 Заливако Борис (1940–?), православный священник, служил в Улан-Уде, в 1968 г. пытался уйти за границу, был осужден по обвинению в измене Родине на 8 лет лагерей и 5 лет ссылки, после освобождения, хотя официально не был запрещен в служении, в духовном сане восстановлен не был.

51 Павел (Груздев; 1911–1996), архимандрит Русской Православной Церкви, в 1941–1945 и 1949–1954 гг. находился в заключении в лагерях, в 1958 г. был рукоположен во иеромонаха, служил в разных храмах, в последние годы жил в Тутаеве.

52 Елисей (Иванов; родился в 1973), иерарх Русской Православной Церкви, в 2007 г. хиротонисан во епископа Амвросиевского, викария Донецкой епархии, с 2012 г. возглавляет Изюмскую и Курлянскую епархию.

53 Эмилиан, *архимандрит.* Жить в присутствии Бога. – М., 2020.

54 Одесную = по правую руку

55 Фивы Семивратные – город, основанный Кадмом, сыном финикийского царя 3,5 тысячи лет назад и бывший одним из самых могущественных полисов Древней Греции, бросавшим вызов самим Афинам. Семивратными Фивы называли, чтобы отличить город от поселения с таким же названием в Древнем Египте.

56 Илий (Ноздрин; родился в 1932), схиархимандрит Русской Православной Церкви, насельник Оптиной пустыни, духовник.

57 Паисий, архимандрит Константинопольской Православной Церкви, ученик старца Ефрема (Мораитиса), настоятель монастырь преподобного Антония Великого в штате Аризона (США).

58 Зосима (Сокур; 1944–2002), схиархимандрит Русской Православной Церкви, родился в больнице тюрьмы, где его мать отбывала срок за исповедание веры, принял монашество в 1975 г., служил в Одессе, потом переехал в Донецкую область, служил на разных приходах, в с. Никольское Волновахского района основал два монастыря – женский Успенско-Никольский и мужской Упенско-Васильевский.

59 Ефрем (Куцу; родился в 1956), священнослужитель Константинопольской Православной Церкви, настоятель монастыря Ватопед с 1990 г.

60 Иерофей (Влахос; родился в 1945), иерарх Элладской Православной Церкви, с 1995 г. митрополит Навпактский и Свято-Власиевский, богослов, автор многочисленных богословских и социальных публикаций, которые переведены на многие языки.

61 Чистяков Георгий (1953–2007), протоиерей Русской Православной Церкви, доктор филологических наук, автор и переводчик богословских и духовных сочинений.

62 Серафим (Барадель-Покровский), схиигумен, священнослужитель Русской Православной церкви французского происхождения, поступил в монастырь на послушание к старцу Софронию (Сахарову), впоследствии переехал в Россию и стал настоятелем скита Всех святых Валаамского монастыря.

63 Иоанн (Крестьянкин*)*, архим. Письма. – Печоры, 2009.

64 Стриженова Любовь (в монашестве Иудифь; 1940–2024), советская и российская актриса театра и кино, в 2008 г. при-

няла монашеский постриг.

65 Тихон (Шевкунов; родился в 1958 г.), иерарх Русской Православной Церкви, с 2023 г. митрополит Симферопольский и Крымский.

66 Васильева Екатерина (в монашестве Василиса; родилась в 1945 г.), советская и российская актриса театра и кино, в 2021 г. приняла монашеский постриг.

67 Преподобный Амфилохий (Макрис; 1889–1970), священнослужитель Константинопольской Православной Церкви, в юном возрасте ушел в монастырь, был рукоположен в духовный сан, канонизирован в 2018 г.

68 Каллист (Уэр; 1934–2022), епископ Диоклийский Константинопольской Православной Церкви, богослов.

69 Паскаль Блез (1623–1662), католический философ и математик.

70 Кирилл (Павлов; 1919–2017), архимандрит Русской Православной Церкви, участник второй мировой войны и обороны Волгограда, после войны принял монашеский постриг, был духовником Троице-Сергиевой лавры, имел дар прозорливости и молитвы.

71 Ларше Жан Клод (родился в 1949 г.), французский православный богослов, доктор богословия и философии, патролог, писатель.

72 Серафим (Родионов; 1905–1997), иерарх Русской Православной Церкви, родился в России, после революции жил во Франции, получил образование художника, затем получил богословское образование, принял монашество, служил в храме Трех святителей в Париже, с 1949 г. служил в храме Воскресения Христова в Цюрихе, в 1971 г. хиротонисан во епископа Цюрихского, основал Свято-Троицкий монастырь в Швейцарии.

73 Гавриил, схимонах Константинопольской Православной Церкви, проживает к келлии преподобного Христодула в Карее на Афоне. Изречения старца записаны о. Ярославом Ерофеевым после их беседы.

74 Филарет Карульский (1872–1962), священнослужитель Константинопольской Православной Церкви, большую часть жизни прожил отшельником в афонском скиту Карулия .

75 Назарий (Терзиев; 1933–2011), архимандрит Болгарской

Православной Церкви, монашеский путь начал в Рильском монастыре, затем был настоятелем Коколянского монастыря.

76 Пейков *В.* Встречи со старцем Назарием / Пер. с румынского А. Селезнева. – М., 2018.

77 Кобзарь Симеон (1912–1983), протоиерей Русской Православной Церкви, родился в православной сельской многодетной семье, работал на производстве, от военной службы в годы второй мировой войны был освобожден по брони, оказался на оккупированной немцами территории и был рукоположен во священника, после окончания войны осужден за «контрреволюицонные преступления» на 10 лет лишения свободы в Вятском лагере, освобожден после 1953 г., служил в с. Петровка под Донецком.

78 Преподобный Иустин (Попович; 1894–1979), архимандрит Сербской Православной Церкви, проповедник, автор многочисленных богословских сочинений, канонизирован в 2010 г.

79 *Афанасий (Евтич), иером.* Жизнеописание отца Иустина // *Иустин (Попович), прп.* На Богочеловеческом пути. – СПб., 1999. С. 3–75.

80 Таврион (Батозский; 1898–1978), архимандрит Русской Православной Церкви, в 15 лет ушел в Глинскую пустынь, воевал во время первой мировой войны, после закрытия пустыни жил в Новоспасском монастыре в Москве, в Рыльском монастыре, в Марковом монастыре в Минске, с 1929 по 1935 и с 1941 по 1956 гг. находился в заключении или в ссылке, с 1957 г. сменил несколько мест служения, в 1969 г. стал духовником Преображенской женской пустыни под Елгавой (Латвия), был ярким проповедником и духовником.

81 Виктор (Мамонтов), архим. Три старца: схиархимандрит Косма (Смирнов), архимандрит Таврион (Батозский), архимандрит Серафим (Тяпочкин). – М., 2002.

82 Рафаил (Карелин), архим. На пути из времени в вечность: Воспоминания. – Саратов, 2008.

83 Тарсо (Загорэу; 1910–1989), греческая подвижница, в молодости считалась психически больной и перенесла лоботомию, после чего приняла на себя подвиг юродства, некоторое время жила в монастыре, после поселились в лачуге, построенной из коробок и разных материалов, имел дар

прозорливости и чудотворной молитвы.

84 *Корнаракис П.* Тарсо, Христа ради юродивая. – Ахтырской Свято-Троицкий монастырь, 2018.

85 Серафим (Урбановский, 1908–1996), архимандрит Русской Православной Церкви, принял монашество в 1923 г., служил в Рязанской области, воевал в годы второй мировой войны, потерял глаз, последние годы жизни служил в г. Касли Челябинской области.

86 Хрущев Никита Сергеевич (1894–1971), в 1953–1964 гг. занимал пост первого секретаря КПСС, в период его управления была проведена кампания против Русской Православной Церкви, в рамках которой многие священнослужители были сосланы в лагеря, а храмы взорваны.

87 Феодор (Гуляев; ок. 1880–1959), иеромонах Русской Православной Церкви, в молодые годы ушел на Афон и принял монашество, перед второй мировой войной вернулся в Воронеж, несколько лет находился в лагерях, потом жил в частных домах, имел дар прозорливости и молитвы.

88 Берг ван ден Джзофе (1949–2023), православный монах голландского происхождения, артист–кукольник, уверовал во Христа и стал отшельником, последние годы жил в монастыре Сохор близ Салоники (Греция).

89 Феофил (Пэрэян; 1929–2009), архимандрит Румынской Православной Церкви, родился в крестьянской бедной семье и вскоре полностью ослеп, в 13 лет ушел в монастырь, несмотря на слепоту окончил Богословский факультет, рукоположен в духовный сан, выступал с яркими проповедями, автор ряда богословских сочинений.

90 Арсений (Бока; 1910–1989), иеромонах Румынской Православной Церкви, возродил несколько пустовавших монастырей, коммунистическими властями был арестован и несколько лет провел в лагерях, последние годы жизни находился под строгим домашним арестом, богослов и иконописец.

91 Савва (Остапенко; 1899–1980), схиигумен Псково-Печерского монастыря, в детстве решил быть монахом, но исполнению желания мешало массовое закрытие монастырей в межвоенный период, получил образование инженера, в годы второй мировой войны служил в тылу, в 1946 г. пришел в Троице-Сергиеву лавру и поступил в Московскую

Духовную академию, руководил строительными работами в лавре, принял монашество, потом жил в Псково-Печерском монастыре.

92 Амвросий (Дудонов), иеромонах Русской Православной Церкви, служит на приходе в честь Покрова Пресвятой Богородицы в г. Иссык Алмаатинской области (Казахстан).

93 Лев (Жилле; 1892–1980), архимандрит Константинопольской Православной Церкви, церковный писатель.

94 Преподобномученица Мария (Скобцова; 1891–1945), монахиня Константинопольской Православной Церкви русского происхождения, родилась в Риге, после революции эмигрировала, писала стихи, вела общественную деятельность, с согласия супруга в 1932 г. приняла монашество и служила в миру, во время немецкой оккупации Парижа была направлена в концлагерь и вместо молодой женщины добровольно пошла в газовую камеру, канонизирована в 2004 г.

95 Илия (Ганжа; 1837–1946), схимонах Русской Православной Церкви, в 15 лет ушел из дома, принял монашество и долгое жил на Афоне, в преклонном возрасте вернулся в Киево-Печерскую лавру, после ее закрытия переехал в родной город Макеевка близ Донецка, имел дар прозорливости и прозвище «Илия пророк», умер в 109 лет.

96 Преподобный Парфений Киевский (Краснопевцев; 1790–1885), иеросхимонах Русской Православной Церкви, жил в Киево-Печерской лавре, подвижник, канонизирован в 1997 г.

97 Арсений (Папачок; 1914–2011), архимандрит Румынской Православной Церкви, настоятель монастыря Текиргёль, проповедник, духовник, автор духовных книг.

98 в коммунистической тюрьме за веру (*прим. А. П.*).

99 Илия (Раго), архимандрит Константинопольской Православной Церкви, духовник Преображенской женской обители в Террасоне (подворье афонского монастыря Ставроникита во Франции), автор духовных книг и публикаций.

100 Преподобный Клеопа (Илие; 1912–1998), архимандрит Румынской Православной Церкви, в юном возрасте принял монашество, создал несколько обителей, жил отшельником, имел дар молитвы и духовного наставничества, канонизирован в 2024 г.

101 Плакида (Дезей; 1926–2018), священнослужитель

Константинопольской Православной Церкви французского происхождения, бывший католический священнослужитель, перешел в Православие, стал основатель и духовник двух подворий афонского монастыря Ставроникита во Франции, богослов.

102 Стасидия – кресло с откидывающимся сидением, высокой спинкой и подлокотниками, часто используется в греческих православных храмах для удобства молящихся.

103 Преподобный Брендан Мореплаватель (или Клонфертский; † ок. 578), один из самых ранних ирландских святых, с детства жил в монастыре, с миссионерскими целями много путешествовал и получил прозвище Мореплаватель.

104 Преподобный Колумба Шотландский († 597), ирландский монах, проповедовал Христианство в Шотландии.

www.orthodoxlogos.com

www.ingramcontent.com/pod-product-compliance
Lightning Source LLC
LaVergne TN
LVHW091009250826
846485LV00032B/442

* 9 7 8 1 8 0 4 8 4 2 4 7 8 *